Ullstein

ÜBER DAS BUCH:

Daß der Traum von der Karriere aus dem Nichts sich immer noch bewahrheitet, das beweisen die Erfolgsmenschen, die dieser Band vorstellt. Hier erzählen Deutsche zum ersten Mal die teilweise märchenhaft klingenden Geschichten ihres Aufstiegs. Es sind Menschen wie du und ich, die auszogen, um in New York ihr Glück zu machen. Meist hatten sie nur ein paar Dollar in der Tasche, aber sie zeichneten sich – so unterschiedlich ihre Erfolgsgeschichten sich auch gestalteten – durch brennenden Ehrgeiz, unbändige Abenteuerlust und eine gute Idee im richtigen Moment aus. Christel Vollmer hat sie aufgespürt und ihnen ihre spannenden, mit überraschenden Wendungen gespickten Lebenswege entlockt.

DIE AUTORIN / DER FOTOGRAF:

CHRISTEL VOLLMER geboren 1957 in Gengenbach/Baden. Sprachen- und Diplomsportstudium in Freiburg und Köln. Auslandsstudium in Mexiko, Frankreich und Italien. Springer-Journalistenschule in Hamburg und Berlin. Sportreporterin, später Auslandsdienst in New York. Seit 1989 Chefreporterin. Sprachen: Englisch, Französisch, Italienisch, Spanisch.
MICHAEL GARFF geboren 1946 in Mons/Belgien. Von 1970 bis 1973 Assistent bei Jan Keetman in München, Assistent bei Michael Friedel und Ernst Haas. Arbeit als freischaffender Fotograf mit dem Fachgebiet Reisen und Sport. Produktion von 14 Büchern. 1980 Umzug nach New York. Videoproduzent, heute freier Fotograf, Mitarbeiter europäischer und amerikanischer Reisemagazine. Veröffentlichungen: Globo, Esquire, Geo, Saison.

Christel Vollmer

ERFOLGREICHE DEUTSCHE IN NEW YORK

Vom reichsten Mann Amerikas
bis zum schönsten Mädchen der Welt

Mit zahlreichen Abbildungen

Ullstein

Sachbuch
Ullstein Buch Nr. 34988
im Verlag Ullstein GmbH,
Frankfurt/M–Berlin

Originalausgabe

Umschlagentwurf:
Hansbernd Lindemann
Unter Verwendung eines
Fotos von Klaus Laubmayer
(Claudia Schiffer vor der
Skyline New Yorks, 1992)

Printed in Germany 1993
Gesamtherstellung:
Clausen & Bosse, Leck
ISBN 3 548 34988 9

Mai 1993
Gedruckt auf Papier
mit chlorfrei
gebleichtem Zellstoff

Die Deutsche Bibliothek –
CIP-Einheitsaufnahme

Vollmer, Christel:
Erfolgreiche Deutsche in New York:
vom reichsten Mann Amerikas
bis zum schönsten Mädchen der Welt /
Christel Vollmer. – Orig.-Ausg. –
Frankfurt/M; Berlin: Ullstein, 1993
(Ullstein-Buch; Nr. 34988)
ISBN 3-548-34988-9
NE: GT

INHALT

Vorwort

»Wenn du es hier schaffst, hast du es geschafft!« So besang Frank Sinatra die Stadt, die wie keine andere seit Jahrzehnten die Menschen in ihren Bann zieht: New York! Ich lebte in diesem Hexenkessel, den man zugleich lieben und hassen kann. Ich sah das Elend. Aber auch Menschen, die sich hier buchstäblich aus dem Nichts hochgearbeitet und zu Millionären emporgehangelt haben. Möchten Sie wissen, wie sie es geschafft haben? Auch ich war neugierig und habe diese Leute gefragt. In diesem Buch erzählen sie zum ersten Mal die märchenhaften Geschichten ihres Aufstiegs.

Es sind Menschen wie du und ich, die auszogen, um in New York ihr Glück zu finden. Sie hatten nur ein paar Dollar in der Tasche. Aber sie besaßen die drei Dinge, die man braucht, um etwas ganz Besonderes aus seinem Leben zu machen und sich in der brutalsten Stadt der Welt erfolgreich durchzusetzen: brennenden Ehrgeiz, unbändige Abenteuerlust und eine gute Idee im richtigen Moment! Moderne Piraten in einer harten Geschäftswelt, ganz allein auf sich gestellt. Woher kamen sie? Ich sage es mit einem gewissen Stolz: Aus Deutschland!

Einer war ein bettelarmer Junge aus dem sächsischen Chemnitz namens Hans Werner Kluge: Er ist heute der reichste Mann von Amerika!

Eine andere schillernde Figur ist der Schlossersohn Horst Dieter Esch aus Hannover, einst ein Baumaschinengigant, der mit der größten Pleite in die deutsche Wirtschaftsgeschichte einging: Er stieg in New York wie Phönix aus der Asche auf und verdient heute mit bildhübschen Models die schönsten Millionen seines Lebens.

Nicht zu vergessen das Mädchen Annemarie Huste aus Ulm, das für sein Leben gern kochte. Sie ist heute die millionenschwere Königin der amerikanischen Feinschmecker.

Kleine Leute, die in New York ganz groß wurden – sie sind die Helden dieses Buches. Ihre Charaktere faszinieren genauso wie ihre Lebensgeschichten.

Als ersten habe ich Wolfgang Mack kennengelernt. Es war 1987 – als ich mich von meinen Eltern in meiner Heimatstadt Gengenbach verabschiedete und nach Amerika aufmachte. Der Besitzer einer Eisenwarenhandlung gab mir seine Adresse mit auf den Weg. Keiner in der kleinen Schwarzwaldstadt wußte eigentlich, was aus dem Sohn des ehemaligen Bürgermeisters geworden war. Wolfgang Macks faszinierende Karriere als Plastikpionier inspirierte mich, nach weiteren erfolgreichen Deutschen zu suchen.

Aber es war nicht einfach, sie zu finden und mit ihnen in Kontakt zu treten. Sie sind so schwer beschäftigt, daß es oft wochenlang dauerte, bis ich sie wenigstens ans Telefon bekam. Der Milliardär Hans Werner Kluge zum Beispiel begrüßte mich zwar für wenige Minuten in seinem unscheinbaren New Yorker Büro; den Rest seiner tollen Erfolgsstory mußte ich mir durch unzählige Telefonate mühsam erarbeiten. Kluge meinte: Ihm hätte man im Leben ja auch nichts geschenkt...

Die hinreißende Annemarie Huste entdeckte ich auf dem Fischmarkt in Chinatown. Sie fiel mir auf, weil sie die köstlichsten Fische auf den niedrigsten Preis herunterhandelte. So eine Frau muß doch Erfolg haben, dachte ich mir und sprach sie an. Welch ein Fang! Sie war die ehemalige Köchin von Jackie Kennedy und verdiente ihre erste Million, als sie fristlos gefeuert wurde...

Beim Joggen im Central Park lernte ich dann Thomas Zeumer aus Mannheim kennen. Er verriet mir, wie er sich in kurzer Zeit aus einem kakerlakenverseuchten Hotelzimmer zum umjubelten Filmproduzenten emporarbeitete. Madonna und Arnold Schwarzenegger geben sich bei ihm die Klinke in die Hand, und mit der Prominenz steht er auf du und du, darunter auch Steffi Graf und Claudia Schiffer. Auch sie kommt in diesem Buch zu Wort. Das blonde Fräuleinwunder aus Rheinberg bei Düsseldorf war zwar schon ein berühmtes Lagerfeld-Mannequin und Fotomodell, als sie nach New York kam.

Aber auch Claudia hat erst in dieser schillernden Weltstadt ihr großes Glück gefunden.

Ich lege bei meinen Geschichten über New Yorks deutsche »Wirtschafts-Wunderkinder« keinen Wert auf Vollständigkeit. Ich möchte nur zeigen: Der Weg nach oben ist für jeden offen. Wer seine Ärmel hochkrempelt, harte Arbeit nicht scheut, nichts geschenkt haben will und nie die Hoffnung aufgibt, der kann sein Schicksal in New York selbst vergolden. Denn wie singt Frankie-Boy: »Wer es hier schafft, hat's geschafft!«

CHRISTEL VOLLMER

HELMUT HORN:

Vom Kellner zum
Millionär

Die Kette der Prominenz aus Politik, Wirtschaft und Showbusiness, die bei Helmut Horn ein und aus ging, ist endlos: von Ex-US-Präsident George Bush, den ehemaligen Präsidenten Ronald Reagan, Jimmy Carter und Gerald Ford bis zu Ex-Außenminister Hans Dietrich Genscher und dem Bundeskanzler a. D. Helmut Schmidt sowie fast allen Staatsoberhäuptern der Welt – der Premierminister von Swaziland Manhevu Plamini kam sogar im getigerten Lendenschurz. Helmut Horn begrüßte Frank Sinatra, Clark Gable, Cary Grant, Alfred Hitchcock, Bette Davis, Lauren Bacall und Humphrey Bogart, und er besitzt eine Zeichnung von Salvador Dali, die der Künstler für den Deutschen gemalt und signiert hat. Helmut Horn (heute 53) aus Dessau hat in New York eine Karriere gemacht, die steiler und vielfältiger nicht sein könnte. Er verkörpert die deutsche Erfolgsgeschichte schlechthin.

Kurzgefaßt könnte man sagen: Vom Kellner zum Millionär. Doch das würde der Figur eines Helmut Horn nicht gerecht werden. Er besitzt heute nicht nur eine eigene Hotelkette, die erste der Welt, die ihre Gebäude der Natur und Umwelt anpaßt und nicht umgekehrt, sondern gehört außerdem zu den besten Tauchern und Unterwasserfotografen. »Ich war im Herzen immer ein Hotelier. Doch was ich in Amerika gelernt habe, ist, ein Unternehmer und Geschäftsmann zu werden«, sagt Helmut Horn.

Als Treffpunkt für unser Gespräch hat er das Hotel *Pierre* in New York gewählt. Er kam von einer Tagung aus Singapur und wollte am gleichen Tag weiter nach Kalifornien.

»Ich bin in den Nachkriegstagen 1945 mit meiner Mutter und meinen beiden Brüdern aus Dessau nach Leer in Ostfriesland evakuiert worden«, erzählt Helmut. »Als sportbegeisterter Junge stürzte ich mich sofort aufs Wasser, zuerst als Steuermann im Achter, dann als Leistungsschwimmer für die Nationalmannschaft. Meine berufliche Laufbahn begann mit einer Kellnerlehre in einem Hotel in Bremen. Erst als mich Racing Paris als Schwimmer in die französische Hauptstadt holte und mir auch noch eine Ausbildung im Hotel *Ritz* anbot, wurde mein Leben aufregend und spannend.«

Das glanzvolle Pariser Leben spielte sich in den sechziger Jahren im *Ritz* ab, damals eines der berühmtesten Hotels der Welt, Treffpunkt des europäischen Geldadels, aller Schauspieler und Politiker und auch Stammhotel von Ernest Hemingway. Eines Tages saßen Charles Ritz und Ernest Hemingway beim Lunch. Helmut Horn kellnerte. Charles hielt den jungen Deutschen an der Hand fest, musterte ihn gefällig und sagte: »Helmut, als junger Mann muß man heute nach New York.« Das ließ sich Helmut nicht zweimal sagen. Ab sofort studierte er alle Reiseangebote und fand bald darauf ein Angebot am schwarzen Brett seiner Hotelfachschule: Die Vereinigung christlicher junger Männer (YMCA) hat auf dem Rückflug von Paris nach New York noch einen Platz frei – für 300 Francs mit einer Propellermaschine. Als Helmut seinem Boß mitteilte, daß er jetzt einen Flug nach New York hätte, gab ihm Charles Ritz ein Empfehlungsschreiben an seinen Freund Henry Soulier mit, der das weltberühmte Restaurant *Le Pavillon* in New York führte. »Daß ich nur einen Rückflug hatte und auch nicht beabsichtigte wiederzukommen, sagte ich Charles Ritz freilich nicht«, erinnert sich Helmut.

New York 1962: Die Stadt boomte. Die Leute hatten Geld und liebten es, Millionen von Dollars zu verleben. Könige und Prinzessinnen aus aller Welt reisten mit ihrer gesamten Dienerschaft nach New York und blieben in den schönsten Hotels der Welt oft über mehrere Monate. Nur das *Pavillon*, für das Helmut Horn ein Empfehlungsschreiben mitbrachte, hatte ausgerechnet den Sommer über geschlossen. Helmut Horn beschloß, sich einfach im besten Hotel am Platz vorzustellen, in der Kategorie weiter nach unten konnte er ja immer noch. Doch Marcel Hermand, Generaldirektor im *St. Regis*, stellte den jungen Deutschen als Etagenkellner ein.

Damals gab es auf jeder Etage einen Kellner, der in seiner Pantry auf dem Stockwerk den Zimmerservice schnell und unproblematisch zu jeder Tag- und Nachtzeit erledigen konnte. Im *St. Regis* wohnten Leute mit viel Geld, die nicht zu Geschäftsbesprechungen nach New York kamen, sondern aus gesellschaftlichen Gründen. Man traf sich, ging ins Theater, fuhr mit der Kutsche durch die Stadt und genoß das

Leben auf großen Bällen, die jeden abend im *Regis* stattfanden, und nicht zuletzt verkuppelte man seine halberwachsenen Kinder.

»Auf meiner Etage wohnte König Michael von Rumänien, der aus seinem Land ausgewiesen wurde und nun an der Wallstreet als Börsenmakler arbeitete. Pierre Cardin mit einer Horde schöner Mädchen, Nina Ricchi und Coco Chanel. Mein exzentrischster Gast – der jeden Sommer für mehrere Monate kam – war jedoch Salvador Dali. Einmal bestellte er eine ›baked potato‹ – eine möglichst große gebakkene Kartoffel – auf sein Zimmer, die ich in meiner Pantry auf der Etage zubereitete. Aus dieser Kartoffel – die er nie gegessen hatte – wurde ein vier mal vier Meter großes Gemälde. 14 Jahre später – ich war bereits General-Manager im *United Nation Plaza Hotel* – hörte ich, daß Dali wieder im *Regis* sei und ging zu ihm rüber. Er erkannte mich als den Mann mit ›der baked potato‹ und signierte für mich sein Buch mit abstrakten Graphiken zum Thema Essen. *A mon ami Helmut* – malte dann in einem Zug ein Rhinozeros mit einem Horn drauf, symbolisch für meinen Namen, und zeichnete in den Schwanz ein Herz.«

Mit dem Geld als Etagenkellner – circa 100 000 Mark im Jahr inklusive Trinkgeldern – finanzierte Helmut sein Studium an der Hotelfachschule in Heidelberg. Danach ging er sofort zurück nach New York, als Oberkellner ins *Waldorf Astoria*. Kurze Zeit später – er war gerade 24 Jahre alt geworden – wurde er zum Foodmanager befördert.

»Der Job war zwar etwas schlechter bezahlt, doch ich wollte weiterkommen, Karriere machen.

Ich habe meine Karriere gezielt und ganz bewußt auf Risiko aufgebaut, nirgendwo lange Zeit verschwenden, immer wechseln, Erfahrungen sammeln und weiterkommen.« In Deutschland war man damals in der Branche der Meinung, nur durch lange Dienstjahre und Treue im Unternehmen aufsteigen zu können. »Das war in Amerika anders. Ich strotzte vor Energie und habe rangeklotzt«, sagt Helmut Horn.

Die nächsten Stationen seiner Karriere: Essens- und Getränkemanager im *Hilton* in Chicago, dann folgten das *Hilton* in Denver

Helmut Horn vor dem United Nation Plaza, N. Y.

und Vermont. Er wechselte zur Firma *Hyatt* nach Hongkong und baute die *Hyatt International Hotels* in Asien und Australien auf. In der Branche war man bereits aufmerksam auf Helmut Horn geworden. Doch Furore machte er, als ihm die Firma 1976 die Aufgabe übertrug, das *United Nation Plaza* in New York als General-Manager und Direktor zur Blüte zu bringen.

»Ich war der einzige in der Firma *Hyatt*, der Erfahrung in Amerika vorweisen konnte«, sagt Horn. »Das Hotel sollte aufgrund seiner Lage direkt neben den Vereinten Nationen zum internationalen First Class Hotel und zum Treffpunkt der Politiker und Prominenz aus aller Welt werden.«

Horn gelang es, das Hotel binnen weniger Monate, inmitten eines maroden New Yorker Umfeldes, zu einem auf Jahre ausgebuchten erstklassigen Jet-set Hotel zu machen. Das *UN Plaza* fing in der 28. Etage mit einem Schwimmbad an, hatte 350 Zimmer und endete in der 56. Etage mit Tennisplätzen auf dem Dach.

»Bevor ich den Standard für das Hotel setzte, machte ich eine Tour durch die New Yorker Hotels, um zu sehen, was die anderen falsch machten.

Dabei kamen unglaubliche Sachen heraus: Im *Waldorf Astoria* wollte ich, als nur französisch sprechender Gast, einchecken. Ich wartete über 20 Minuten, bis man jemanden fand, der die Sprache beherrschte. Das dürfte in einem Hotel der Weltklasse nicht passieren.

Als ich im *Regent Hotel* mein Auto vor der Tür parken wollte, erklärte mir der Portier, ich solle rechts runter und dann links fahren. Da gäbe es Parkplätze. Ich sagte: ›Sie parken‹ – und bin reingegangen.«

Ein Kofferträger in einem anderen Hotel erklärte ihm: »Erst ein Trinkgeld, dann trage ich Ihre Koffer.«

»Ich habe mir geschworen, daß all diese Dinge in meinem Hotel nicht passieren werden – und sie sind auch nicht passiert.«

»Ich stellte nur Personal ein, das mindestens eine zweite Fremdsprache beherrschte. Man erklärte mich in New York für verrückt. Doch ich hatte damit Erfolg. Da die Politprominenz damals fast

... begrüßt Helmut Schmidt im United Nation Plaza, N. Y.

ausschließlich im *Waldorf Astoria* wohnte, mußte ich einen Weg finden, die Gäste zu mir herüberzulocken. Ich kannte lediglich den Außenminister unter Jimmy Carter. Ich rief ihn einfach an und lud ihn zu mir ein, wir hätten ein großartiges Hotel, das viel zentraler zur United Nation gelegen wäre. Zuerst sagte er zwar, das könne er nicht. Dann kam er doch und zog den gesamten Carter-Troß mit sich.

Ich glaube, genau das ist es, was zum Erfolg führt«, reflektiert Helmut Horn. »Man muß die Gelegenheit im Leben erkennen und sie dann auch auszunützen verstehen. Man darf nicht schüchtern sein, sondern muß brutal zugreifen. Ich habe das gemacht und bin damit gut gefahren.«

Das Hotel wurde zum Treffpunkt der internationalen Politprominenz. Moshe Dayan wohnte zu den Vorverhandlungen um den Friedensvertrag von Camp David über Wochen im Hotel. Aber auch Schauspieler wie Paul Newman gingen im Hotel ein und aus. Horn war für seine Diskretion bekannt und auch dafür, daß er selbst in letzter Minute im oft total ausgebuchten Hotel noch Zimmer für seine Stammkunden organisieren konnte.

»Mein kleines Geheimnis war, daß ich ein Kontingent mit 10 bis 15 Zimmern immer für mich reservieren ließ – für dringende Fälle. Wenn ich die Zimmer nicht brauchte, gab ich sie gegen 17 Uhr zur Rezeption zurück. Das hatte sich weltweit herumgesprochen. Ich konnte mir so ein enormes Vertrauen aufbauen, und dennoch waren wir immer ausverkauft.«

Natürlich existieren in Hotels dieser Kategorie mit einer solch enormen Ansammlung an Prominenz eine Vielzahl an Geschichten und Anekdoten. Manche davon kann Helmut Horn erzählen, andere wiederum würden auch heute noch politische Verwicklungen auslösen. Wer die Rechnungen mancher Rebellenführer beispielsweise bezahlt hat, die kurz zuvor Zivilflugzeuge abgeschossen hatten. Oder die lockeren Abende im Hotel. Nach acht Uhr abends drehte sich alles nur noch um die Damen. Ist eine Ehefrau überraschend angereist, wurde sie an der Rezeption in ein Gespräch verwickelt und ihr Mann verständigt. Das gehörte selbstverständlich zu der Diskretion.

»Eines meiner faszinierendsten Erlebnisse waren 1978 die in eine schwierige Phase geratenen Nahost-Friedensgespräche. Wir hatten in unserem Hotel – lediglich durch Stockwerke getrennt – eine hochkarätige Versammlung von sonst kaum unter einem Dach zu vereinenden Politikern: Jimmy Carter, der israelische Staatschef Menachim Begin, Ägyptens Anwar el Sadat und Helmut Schmidt.

Helmut Schmidt – er hatte seine Prinz-Heinrich-Mütze in Hamburg vergessen, freute sich unheimlich und konnte gar nicht glauben, »... daß wir ihm eine neue Mütze in New York besorgen konnten«, erzählt Helmut Horn.

»Überhaupt ist die Stadt New York so außergewöhnlich wie keine andere Stadt dieser Welt. Selbst Hongkong – wo ich jahrelang lebte – kommt an das Flair nicht ran. Obwohl die Stadt sehr viel schlechte Presse bekommt, durch die vielen Obdachlosen, durch Überfälle und Gesetzesüberschreitungen aller Art, empfinde ich New York City nicht schlimmer als Rio, Manila oder Port au Prince. Überall wo Armut ist, gibt es diese Probleme. Die New Yorker selbst verabscheuen jede Art von Gewalt«, sagt Helmut Horn. Geschehen jedoch Dinge, die nicht von menschlicher Hand zu beeinflussen sind, fügen sie sich schicksalsgläubig in die Situation.

»Wir hatten 1976 beispielsweise einen Stromausfall im gesamten Stadtgebiet. Ich war zum Abendessen in New Rochelle, zwei Autostunden von Manhattan entfernt, eingeladen. Es war eine laue Sommernacht, und wir saßen gemütlich auf der Veranda, die Lichter der Skyline von Manhattan blinkten in allen Farben vor uns. Plötzlich, innerhalb weniger Sekunden, versank die gesamte Stadt im Dunkeln der Nacht. Entsetzt sprang ich sofort in mein Auto, raste zum Hotel zurück und vermutete das Schlimmste. Der Anblick, der sich bei meinem Eintreffen bot, war grandios: Unsere Gäste hatten sich in der Lobby versammelt. Die müden Geister schliefen friedlich eingerollt auf den Sofas, die man in einem Teil der Halle zusammengestellt hatte. Die Nachtschwärmer spielten bei Kerzenlicht Karten. In dieser Nacht entstanden Freundschaften, die fürs ganze Leben galten. Am nächsten Morgen organisierten wir frische Hörnchen und

Orangensaft aus einer anderen, in der Nähe liegenden Stadt und bauten – sehr zum Vergnügen der Gäste – ein Frühstücksbuffet am Empfang auf. Es gab in dieser Nacht keine Diebstähle oder sonstige Zwischenfälle – jeder unserer Gäste denkt gerne an den Ausruf dieses Notstandes, der 24 Stunden dauerte, zurück.«

Eigentlich schien Helmut Horn am Ziel seiner Wünsche angekommen: Er war in New York einer der angesehensten und erfolgreichsten Hotelmanager, er hatte Kontakte zur Politprominenz in der gesamten Welt. Zum geschäftlichen Erfolg gesellte sich das private Glück. Christina, Hauptnachrichtensprecherin einer privaten TV-Gesellschaft auf Long Island, wurde seine zweite Frau. Von seiner ersten Frau, einer Chinesin, hatte sich Horn nach zehn Jahren getrennt. Christina wechselte ins Hotelfach, wurde Pressemanagerin vom *Hilton International*. Helmut Horns rasante Karriere ging weiter.

»Ich hatte meine Aufgabe im *UN Plaza* erfüllt und suchte nach neuen Jagdgründen«, erzählt Helmut. »Ich brauche immer wieder neue Herausforderungen, sonst bin ich nicht glücklich.« Er wechselte als Vizepräsident zur *Omni* Hotelkette und sah seine erste Aufgabe darin, das sehr ins Abseits geratene ehemalige Tophotel *Ambassador East* in Chicago wieder zur ersten Adresse zu machen. Innerhalb von zwei Jahren gelang ihm ein spektakulärer Turn-around dieses Hotels. Danach verschwand Horn für einige Zeit als Manager eines kleinen Hotels von der internationalen Hotelszene – um sein Leben neu zu ordnen.

»Ich hatte mit den Jahren durch meine Unterwasserfotografie ein sehr intensives Verhältnis zur Natur und zum Umweltschutz bekommen. Ich sah, wie die Menschen Tiere und Meere zerstörten und beschloß, es zu meiner Aufgabe zu machen, im Bereich der Hotellerie für den Schutz der Natur zu sorgen.«

Zusammen mit drei Partnern gründete Horn 1985 die *Coastal-Group*, um einen völlig neuen Weg in der Branche zu gehen.

»Unsere Philosophie ist es, sich zuerst über die Umwelt Gedanken zu machen und nur Hotels zu bauen, die die Umwelt respektieren.

...mit Jacques Cousteau vor der Hotelanlage »Cheeca Lodge«

Diese sollen sich in die Natur einfügen und sie schützen und nicht noch weiter zerstören.«

Die *Coastal Group* kaufte beispielsweise ein Fischercamp in den Keys auf der Florida Insel Islamorada. Eine große Hotelkette hätte, wenn sie an das Grundstück gekommen wäre, ihren 08/15-Baukasten ausgepackt. Wir haben demgegenüber 203 Vier-Sterne-Zimmer wie ein Dorf in die Landschaft eingepaßt mit Golfplatz, tropischen Plantagen und Wasserwegen: genannt die *Cheeca Lodge*. Das Hotel liegt auf dem letzten lebenden Korallenriff der USA – inzwischen zählen sowohl Präsident Bush als auch Boris Becker zu den Stammgästen. Hinzu kamen die *Stein Ericsson Lodge* in Dear Valley in Utah, eine der schönsten Skilodgen Amerikas, benannt nach dem Olympiasieger Ericsson (1956). Das *Highlands Inn*, ein paradiesisches Hotel auf den Klippen der kalifornischen Pazifikküste nahe der Künstlerstadt Carmel, früher die letzte Poststation vor der Grenze zu Mexiko, ist ebenfalls ein einzigartiges Fleckchen Erde.

»Wir haben einen Fond gegründet, mit dem wir gefährdete Gebiete kaufen, wie die Dünengebiete um den Michigan-See, um sie zu Naturschutzgebieten zu erklären. Wir helfen Jacques Cousteau und anderen bei ihrer Forschung, haben ein Programm zum Schutze der Delphine entwickelt. Es gibt in dieser Richtung noch unendlich viel zu tun. Vielleicht denken Sie jetzt, wir sind Phantasten. Vielleicht sind wir es auch tatsächlich«, sagt Horn.

Doch der Erfolg stellte sich schon nach fünf Jahren ein. Aus dem Ein-Mann-Unternehmen mit einer halbtags arbeitenden Sekretärin wurde ein Unternehmen mit 7500 Angestellten in 16 Hotels – und einem Umsatz von 90 Millionen Dollar. Wenn Sie in eines der Hotels gehen, merken Sie zuerst nicht, daß es zur Kette der *Coastal Gruppe* gehört. Denn jedes Hotel ist auf seine Art einzigartig und soll für den dazu passenden Namen stehen. Eines der vielen Umweltprogramme, die die Hotels anbieten, das Umwelt-Lernprogramm für Kinder, wurde bereits mit dem »Golden Award« ausgezeichnet.

»Anfangs wurden wir nur angesprochen, wenn die Hotelbesitzer mit der von ihnen beauftragten Betreibergesellschaft nicht zufrieden waren und uns baten, das Hotel mit unter unsere Fittiche zu nehmen. Heute werden wir schon bei der Planung neuer Hotels gefragt. Demnächst auch in Mexiko, Ägypten und in Deutschland, vor allem in den neuen Bundesländern.«

Es wirkt überzeugend und ernsthaft, wie Helmut Horn uns sein Umweltprogramm schildert. Er hat es verstanden, sein persönliches Anliegen, den Schutz der Natur, zu einem professionellen Konzept zu machen. Inzwischen widmet er auch seine knapp gewordene Freizeit ganz der Natur. Was zunächst ein entspannender Zeitvertreib war, wurde zu seinem zweiten Beruf: Als Unterwasserfotograf veröffentlicht Helmut Horn seine Fotos regelmäßig in dem bekannten US-Magazin *National Geographic*. Horn gelang es zum Beispiel als bisher einzigem Unterwasserfotograf der Welt, das »Storming« einer Mördermuschel vor Australien zu fotografieren. Dies geschieht nur einmal im Jahr, und zwar nachts. Für wenige Sekunden bläst die Zwitter-Muschel ihre Eier und ihren Sperma gleichzeitig aus ihrem

Körper raus. »Es sieht aus wie bei einer Atombombe. Eier und Sperma fliegen bis zu vier Meter in die Höhe«, erläutert Horn. Auch hier scheint der Erfolg diesem jung-dynamischen Deutschen weltweit nachzulaufen.

Verrät er uns sein Erfolgsgeheimnis? »Wenn man es einmal geschafft hat, sich in New York durchzusetzen und die Strategie weltweit anwendet, wird man zumindest geschäftlich nicht untergehen. Ein erfolgreicher New Yorker kann morgen das ›Hemd wechseln‹ und wird auch in einer ganz anderen Branche erfolgreich sein. Er hat das Auftreten und die Aura. Wenn man sich mit einem New Yorker an einen Tisch setzt, dann schwebt eine ganz andere Energie über dem Tisch. Alles geht viel schneller, man vergeudet keine Zeit, sondern entscheidet. Die New Yorker sind die Urtypen von Machern, während man in Berlin und Frankfurt nur darüber redet«, sagt Horn. »Machen Sie doch in Deutschland einmal einen Termin. Acht Sekretärinnen, doppelte Türen und tausend Vorzimmer müssen überwunden werden – das dauert. Das geht in New York ruck, zuck. Weder Alter, Beziehungen noch Etiketten spielen eine große Rolle. Ambitionen, Können und eine ungeheure Hartnäckigkeit machen den Erfolg aus. Ich mußte oft alles siebenmal vortragen, bis ich damit durchkam. Andere wären schon längst Golf spielen gegangen. Daher ist es für mich wichtig, in meinem Unternehmen eine Atmosphäre zu schaffen, wo man frei sprechen kann nach oben und unten und nicht eingeschüchtert wird durch Titel und Persönlichkeiten. Das ist ein Erfolgsrezept, das Denker und Leute fördert, die gut Konzepte ausarbeiten können. Diese Atmosphäre zu schaffen ist für mich Erfolg. Das Geld kommt dann meist von alleine, solange man konkurrenzfähig ist.

Geld ist für mich nicht dazu da, Statussymbole wie einen Porsche oder ähnliches zu kaufen, sondern um meine Unterwasseraufnahmen zu machen und mir die Freiheit zur Freizeit zu gönnen. Ich lebe privat ganz einfach, vielleicht auch deshalb, weil ich in meinen Hotels tagtäglich mit allem Luxus dieser Welt umgeben bin.«

MEIN PERSÖNLICHES NEW YORK:

RESTAURANTS:
Lutece [249 E 50], *Bernadin* [155 W 51], *Le Cirque* [58 E 65] und *Remi* [323 E 79th St] für besondere Anlässe

Chanterelle [89 Grand St], *La Gamelle* [59 Grand St] *Montrachet, Park Bistro* [414 Park Ave S] und *Le Relais* [712 Mad Ave], wenn ich allein auf Achse bin.

ARCHITEKTUR:
Waldorf Astoria und *Rockefeller Plaza, Avon Building* in der Nähe des *Plaza Hotels*

LIEBLINGSHOTELS:
United Nation Plaza, Hotel Pierre

TIPS FÜR BESUCHER:
Ein Programm in »walking distance« – wie der New Yorker sagt: Vom Musical ausgehend, beispielsweise »Miss Saigon«, ein Hotel über die Straße, zum Beispiel das *Royal Riga* buchen, ein Restaurant um die Ecke wäre das *Remi* oder das *Tahani*. So erlebt man einen ruhigen Abend ohne Probleme mit Limousinen oder Taxis.

STADTTEILE:
Soho, Central Park zum Joggen, rund um das Wasserreservoir

EINKAUFEN:
Mein Paradies ist die *Madison Avenue*. Herrliche Designergeschäfte, ich kaufe 1.50 Meter hohe Kerzen, eine Krawatte bei *Ungaro*, schräg gegenüber einen Gürtel mit Silberschnalle im Westernstil, sieht auf dem Skianzug phantastisch aus. Oder ich begebe mich ins Schlepptau meiner Frau Christine, die genial im Organisieren ist.

WILLIE VÖLLER:

Rudi Völlers Onkel
verwaltete den Safe von Tiffany

Fußballweltmeisterschaft 1990 in Italien. Deutschland ist Weltmeister, besiegte in einem grandiosen Endspiel Argentinien. Unter den Duschen fließt Champagner. Übermütig schmieden die Spieler Pläne für den Urlaub: Südsee, Malediven, Karibik – Namen von Traumstränden schwirren durch die Dampfschwaden. Rudi Völler freut sich: »Ich fahre zu meinem Onkel Willie nach Amerika.« Schallendes Gelächter. »Der Rudi hat 'ne neue Freundin. So eine dumme Ausrede – ein Onkel in Amerika!« Keiner der Spieler wollte es so recht glauben.

Eine Woche später bummelte Rudi Völler tatsächlich die Fifth Avenue in New York entlang – mit seinem Onkel aus Amerika. Willie Völler hatte seinen Neffen eine Woche nach New York eingeladen. Eine erfreuliche Abwechslung im New Yorker Baseballalltag, plötzlich den frischgebackenen Weltmeister auf der New Yorker Fifth Avenue spazieren zu sehen. Onkel Willie war stolz, wenn Rudi erkannt wurde und Autogramme schrieb. Er selbst blieb bescheiden im Hintergrund. Obwohl der Onkel nicht minder berühmt ist, zwar nicht als Fußballstar, sondern als Geschäftsmann: Willie Völler ist ein überaus erfolgreicher New Yorker. Er war Manager bei Tiffany und hatte die vertrauensvollste Aufgabe, die man in einem solch berühmten Juwelenhaus haben kann: Willie Völler verwaltete 30 Jahre lang den Safe von Tiffany. Jetzt wollte er sich zur Ruhe setzen, doch die Firma bat ihn, die neuen Tiffany-Geschäfte in München, Berlin, Frankfurt und Paris zu eröffnen. Rudi Völler war eigentlich schon immer von seinem Onkel fasziniert. Er erinnert sich, als kleiner Junge von ihm ein paar Mark zusätzlich Taschengeld bekommen zu haben. Doch am schönsten waren die Geschichten, die Klein-Rudi aus Amerika zu hören bekam. Am liebsten erzählt Willie Völler seine eigene Geschichte – sie ist voller Zufälle und von faszinierenden Begegnungen geprägt, in einer Stadt, in der alles und nichts unmöglich ist: New York City.

Als Willie Völler 1956 nach New York kam, war er 30 Jahre alt. »Ich war in Deutschland bereits gut im Geschäft, ich war ein gestandener Mann«, erklärt er. »Mit der Karriere vom Tellerwäscher zum Millionär hat das Auswandern bei mir nichts zu tun.«

Willie und Rudi Völler in N. Y.

Willie Völlers Lebensweg ist geprägt durch die Nachkriegssituation. Seine Eltern sowie zwei seiner Geschwister kamen bei einem Luftangriff ums Leben. Willie war auf sich selbst gestellt und machte eine kaufmännische Lehre. Mit 23 Jahren hatte er seinen ersten Vorstellungstermin bei der amerikanischen Fluggesellschaft TWA.

»Ich war eigentlich noch viel zu jung und hatte keine große Hoffnung, den Job zu bekommen«, erzählt Willie Völler. »Es gab 40 Bewerber für eine Stelle. Eine Woche später bekam ich einen Anruf von TWA. Ich sollte vorbeikommen.

Da saß der schick gekleidete Herr wieder vor mir, den ich vom Vorstellungsgespräch kannte, und fragte: ›Willi, you think you can do it?‹ Ich antwortete ebenso kurz: ›Well, I am sure I can.‹

Die Antwort gefiel ihm, und ich hatte den Job. Ich fing als Einkäufer bei TWA an und machte schnell Karriere. Ich arbeitete extrem viel – sechs Tage in der Woche – und auch abends fand ich kein Ende. Dafür kam ich viel herum, ein Wochenende in London oder Paris. Ich war damals schon in Indien gewesen und lernte durch meinen Job interessante Leute kennen, unter anderem auch die Familie Grosvenor, Herausgeber des berühmten *National Geographic Magazine*. Ich sollte mich melden, wenn ich nach Amerika will, so luden sie mich ein. Damals brauchte man ja noch einen Bürgen, wenn man nach Amerika einwandern wollte. Ich war schon immer sehr ehrgeizig und wollte gerne weiterkommen, so entschloß ich mich, mein Glück in New York zu versuchen.«

Die Grosnevor machten ihr Versprechen wahr, und Willie Völler flog am 16. November 1956 mit der TWA von Frankfurt erster Klasse nach New York – das Erste-Klasse-Ticket war ein Abschiedsgeschenk seines alten Arbeitgebers. Ein phantastischer Flug in einer Super-Konstellation: 17 Stunden über den Atlantik – ein Abenteuer, das neugierig auf das unbekannte Land machte. New York empfing ihn mit weit geöffneten Armen. Wenige Tage später hatte er bereits einen Job als kaufmännischer Angestellter bei der Swiss Air. Er hatte Glück, daß die Schweizer Fluggesellschaft gerade in diesem Augenblick eine solche Stelle ausgeschrieben hatte. Und wenige Tage später konnte er auch schon in ein hübsches Appartement in der 71. Straße zwischen Broadway und Westend Avenue einziehen. Es war ein Einzimmerappartement mit offenem Kamin für 140 Dollar (damals ca. 420 Mark), er verdiente bei der Swiss Air schon ganz ordentlich.

Willie Völlers Sponsoren wohnten in einer herrschaftlichen Villa Upstate New York (nördlich von der Stadt). Es war eigentlich eher ein Landschloß, mit 36 Zimmern.

»Ich kam durch sie in den besten Häusern herum, wurde zum Segeln eingeladen, zu Parties und unter anderem auch zu einem Fest bei den berühmten Familien Barrymore und Brown, den Gründern der Universität von Providence in Rhode Island. Sie stellten ihr Haus als Museum zur Verfügung und feierten mit ihren engsten Freunden den Abschied. Trotz aller Herrlichkeiten und meinem glücklichen Start in New York dauerte es doch einige Monate, bis ich mich an das neue Land und vor allem die Stadt gewöhnte.

... mit Paloma Picasso

Entscheidend dazu beigetragen hat eine wunderschöne Frau, der ich im Sommer 1973 begegnet bin. Ich sah sie zum erstenmal beim Diner bei Freunden, an der dritten Avenue und 16. Straße. Ich kannte sie aus unzähligen Filmen«, sagt Willie Völler. Eine faszinierende Frau, die damals schon Kinogeschichte geschrieben hatte. Sie war die erste Nackte auf der Kinoleinwand – wenn auch nur 24 Sekunden lang. »Hedy Lamarr war in Wirklichkeit noch viel schöner als in ihren Filmen. Ich hatte sie in ›Wir brauchen kein Geld‹ mit Hans Moser und Heinz Rühmann gesehen, in ›Tortilla Flat‹, ›Ziegfeld Girl‹, ›Algiers‹, ›Samson und Delilah‹ und natürlich auch als Nackedei in ›Ekstase‹«, erzählt Willie Völler.

Hedy Lamarr, Tochter eines Wiener Bankdirektors, wurde von dem berühmten österreichischen Regisseur Max Reinhardt in Wien entdeckt. Der Auftritt als Nackte in dem tschechischen Streifen ›Ekstase‹ bescherte ihr einen weltweiten Skandal und öffnete ihr den Weg nach Hollywood. Sie entwickelte sich zu einem Top-Star mit

Spitzengagen. Hedy Lamarr war sechsmal verheiratet und wurde sechsmal geschieden: Waffenfabrikant Fritz Mandl aus Wien war ihr erster Ehemann, dann folgten Drehbuchautor Gene Markey, Schauspieler John Loder, Bandleader Teddy Staufer, weltweit als Playboy berühmt-berüchtigt, wurde Hedys vierter Ehemann.

Allen Unkenrufen zum Trotze war diese Ehe am intensivsten und hielt auch am längsten. Es folgten noch der Öl-Magnat Howard Lee und Rechtsanwalt Lewis W. Boies.

Als Willie Völler Hedy Lamarr kennenlernte, hatte sie bereits sechs Ehen hinter sich und Hollywood den Rücken gekehrt. Sie lebte in New York und verkehrte in den obersten Kreisen der Stadt, wurde immer noch gefeiert als schönste Frau Hollywoods.

»So unnahbar und sternenweit entrückt, wie der Film-Mythos sie verzauberte, ist sie mir gegenüber von Anfang an nie gewesen«, erzählt Willie Völler. »Sie nannte mich Willie, später dann Schatzi und kuschelte sich wenige Monate später vertrauensvoll in meinen Arm. Hedy hatte sich in mich verliebt, und ich konnte es zuerst kaum fassen. Welch wunderbare Frau ich doch plötzlich in meinen Armen hielt.«

Es ging alles ziemlich schnell. Schon wenige Monate später zog Hedy bei Willie in der 79. Straße am Riverside Drive ein. Für die New Yorker Klatschpresse war es natürlich eine Sensation. »Filmdiva Hedy – 33 Millionen Dollar schwer (damals 100 Millionen Mark) – liebt einen Deutschen – wird er ihr siebter Ehemann?«

»Es begann eine aufregende, aber auch anstrengende Zeit mit Hedy«, erinnert sich Willie Völler. »Alles was ich mit Hedy erlebte, widersprach dem ganzen Klischee Hollywoods. Hinzu kam, daß Hedy mit dem Filmgeschäft nichts mehr am Hut hatte. Sie war im wahrsten Sinne ›Hollywood-geschädigt‹. Sie ging ungern aus, zog sich ungern schick an und wollte von Interviews, Fernsehauftritten und Filmen überhaupt nichts mehr wissen. Hedy tauchte regelrecht bei mir unter – und ich wehrte so gut es ging alle Interview-Anfragen ab.«

Nicht zuletzt durch Hedy war auch Völlers Name ständig in der

Presse. Firmen aus Amerika und aus Europa wollten ihn abwerben. Erst als Swiss Air mit den gesamten Büros an den New Yorker Flughafen umzog – der Kennedy Airport war damals noch ein fürchterlicher Bretterkasten –, kündigte Völler. »Es war das einzige Mal, daß Hedy auf meinen Job Einfluß nahm. Sie wollte nicht, daß ich täglich an den Kennedy Airport fuhr, das wären drei Stunden täglich reine Fahrzeit. Ein Zeitverlust. Hedy sagte: ›Willie, das hast du nicht nötig. Du findest mit Sicherheit etwas Besseres.‹ Nur wenige Tage später fing ich bei einer großen exklusiven Kaufhauskette als Einkäufer an. Ich hatte ein Firmenflugzeug zur Verfügung gestellt bekommen und war in ganz Amerika unterwegs. Insgesamt eröffnete ich 27 Filialen für die Firma. Mein Name sprach sich – wie schon gesagt – in Fachkreisen herum. Erst als Tiffany mir in New York ein sehr attraktives Angebot machte, wechselte ich zu dem berühmten Juweliergeschäft – zum Entzücken meiner Lebensgefährtin Hedy Lamarr.«

Sowohl in der Film- als auch in der Gesellschaftswelt New Yorks war Tiffany der größte und bekannteste Juwelenladen. Jeder, der damals einen Namen hatte, kaufte bei Tiffany ein und ließ sich mindestens einmal im Monat in den Geschäftsräumen an der Fifth Avenue zu einem Glas Champagner sehen. Willie Völler begann als Verkäufer, wurde dann Abteilungsleiter und bald Ansprechpartner der legendären Tiffany-Stammkundschaft. Immer wenn ein Staatsgast, eine Königin oder Filmschauspielerin ihren Besuch bei Tiffany ankündigte, wurde Willie Völler zur Betreuung der VIP (very important persons) eingeteilt. Das war ein phantastischer Job.

»Ich hatte zwar schon immer Mut und wollte vorwärtskommen, doch ein bißchen Glück gehörte mit Sicherheit dazu. Ich war sehr aufgeschlossen, konnte auf meine Kunden gut eingehen, ganz egal wie berühmt sie waren«, erzählt Willie. »Hedy war stolz auf mich und schenkte mir Weihnachten 1973 ein Buch, das mein Horoskop auf die nächsten Jahrzehnte voraussagte: ›You are getting along very well with many types of people. You are diplomatic, kind and even tempered. You will enjoy a happy married life.‹ (Du kommst mit den unterschiedlichsten Leuten aus, bist diplomatisch, freundlich und ausgeglichen. Du wirst ein glückliches Leben als Ehemann führen.) Hedy signierte das Buch mit: ›To my old and young Willie. Always Hedy.‹«

Willie Völler sagt: »Sie schenkte mir dieses Buch, weil sie an Sternzeichen und die Voraussagen der Astrologen glaubte und weil Hedy der Überzeugung war, daß wir heiraten müßten. Hedy sagte wiederholt: ›Komm, Schatzi, laß uns doch heiraten.‹

Doch ich wollte nicht ihr siebter Ehemann werden. Wir lebten wunderbar glücklich zusammen. Ich war mir sicher, wenn wir heiraten würden, wäre der ganze Zauber vorbei. Unsere Verbindung war extrem, aber ungeheuer humorvoll.«

Hedy Lamarr war eine echte Hollywood-Diva und lebte ihre Launen mit Willie Völler aus. Sie schlief bis in die Puppen und hatte immer die Bilder ihrer Jugend vor Augen. So stellte sie sich beispielsweise mit einem Foto aus ihrer Jugend vor den Spiegel und verglich jeden Gesichtszug. Bei jeder sich ankündigenden Falte war sie tief deprimiert. Sie wollte nicht mehr ausgehen, zog sich immer mehr zurück.

»Ich versuchte Hedy immer wieder klarzumachen, daß sie nicht ewig jung bleiben könnte. ›Du gefällst mir auch mit Falten, Schatz‹, sagte ich zu ihr. Ich war der einzige, der es ehrlich mit ihr meinte«, erzählt Willie Völler.

Er kaufte für sie ein, machte ihr zuliebe sogar einen Kochkurs, verwöhnte Hedy also so gut es ging.

»Meine Freunde schüttelten den Kopf und sagten: ›Willie, laß du dich doch verwöhnen, was rackerst du dich ab.‹ Doch ich war mit Hedy glücklich und das war das Wesentliche. Wir lebten ein sehr zurückgezogenes Leben. Nur ab und zu gingen wir zu Empfängen. Da mußte ich immer darauf achten, daß Hedy ordentlich angezogen war. Ich erinnere mich an einen herrlichen Sommerabend. Wir waren auf die Yacht von Onassis eingeladen. Hedy hatte einen wunderschönen weißen Spitzenanzug an, doch sie humpelte fürchterlich, bis ich mir einmal ihre Füße genauer ansah. Hedy hatte zwei verschiedene Paar Schuhe mit unterschiedlichen Absatzhöhen an. Nun war es

…mit Hedy Lamarr

zu spät, um die Schuhe zu wechseln – ich stützte Hedy die gesamte Party über, und wir erzählten den Leuten, sie hätte einen Skiunfall gehabt. Jeder hatte Mitleid mit meiner Hedy, was ihr wiederum durchaus gefiel. Der Abend war also gerettet.

Da Hedy mit Marlene Dietrich eng befreundet war, wurden wir häufig zu ihr nach Hause in die Park Avenue eingeladen. Es waren schöne Abende, und ich lernte viele interessante Leute kennen, unter anderem auch Bobby Kampe, den Komponisten von ›Ich habe einen Koffer in Berlin‹. Marlene Dietrich hatte auf der ganzen Welt einen guten Ruf als Köchin. Sie bekochte die französischen Emigranten in Hollywood, half ihnen mit Krauteintopf oder mit ihrem hochgerühmtem Pot au feu über das Heimweh hinweg. Sie bekochte Jean Gabin, Renoir und natürlich ihren Entdecker Billy Wilder. Das alles stand in der Presse.

Nur wenn wir bei Marlene eingeladen waren, kamen die Gerichte tischfertig aus dem Ofen. Die Küche war blitzblank, es sah keinesfalls nach einer Kocharie aus, und im Haus roch es auch nur ganz verhalten nach Braten. Das kam mir einfach komisch vor, ich wagte jedoch nicht zu fragen. Erst Jahre später, als Hedy und Marlene einmal übers Kochen sprachen und Hedy mich als guten Koch über alle Maßen lobte, sagte Marlene: ›Ich bestelle alles tischfertig im Geschäft und lasse es mir kurz vor Eintreffen der Gäste nach Hause bringen.‹

Endlich war das Geheimnis von Marlene Dietrichs Kochkunst gelüftet.

Hedy war immer sehr einfach angezogen, im Vergleich zu Marlene, die sich auch zu privaten Treffen mit Freunden sehr herausputzte. Während ich Marlene als zu übertrieben empfand, war Hedy für meinen Geschmack zu nachlässig. Ich überredete sie, auch privat falsche Wimpern zu tragen. Das Ergebnis war: Sie hatte die falschen Wimpern für das rechte Auge verloren, und wir suchten gemeinsam die gesamte Wohnung ab, ohne Erfolg.

Erst als wir bei unseren Freunden waren, fingen plötzlich einige Leute hinter meinem Rücken fürchterlich zu kichern an und deuteten auf meinen Hintern. Wie sich herausstellte, hatte ich Hedys falsche Wimpern auf meinem Gesäß kleben. Ich hatte mich wohl in unserer Wohnung genau auf den Stuhl gesetzt, auf dem Hedy ihre Wimpern ablegte.«

Diese Begebenheiten waren typisch für den Hollywoodstar. Schließlich wollte Hedy gar nicht mehr ausgehen und Willie nur noch für sich haben. Selbst zur großen Geburtstagsparty ihres Ex-Ehemannes Teddy Staufer nach Acapulco war sie nicht zu bewegen. Es reichte ihr, wenn Willie um sie war.

»Ich genoß ihr volles Vertrauen – bis heute übrigens. Ich regelte ihre Geschäfte, verwaltete ihr Geld und verwahrte ihren Schmuck. Wenn ich in mein damaliges Lieblingsrestaurant *Athena East* wollte, mußte ich Hedy regelrecht mitschleifen. Sie machte sich fertig, kam im Pullover mit Löchern. Ich sagte ihr: ›So gehe ich nicht mit dir fort.‹ Murrend zog sie sich um. Einmal sagte jemand zu ihr: ›That is not your image.‹ (Das ist doch nicht Ihr Stil.) Daraufhin antwortete sie wütend: ›What do you mean my image. I want to be what I am.‹

Sie hatte alles gehabt, allen erdenklichen Luxus. Sie war die schönste Frau Hollywoods, die Männer lagen ihr zu Füßen. Sie hatte genug davon. Sie wollte ihre Ruhe haben.

Die prominenten Leute lernte ich weniger durch Hedy kennen, sondern durch meine Arbeit bei Tiffany. Ich war immer der erste morgens im Geschäft. Ich wollte das große Vertrauen, das in mich gesetzt wurde, nicht enttäuschen. In den ganzen Jahren bei Tiffany war ich mit den Geheimzahlen des Safes betraut. Wenn ich nicht rechtzeitig im Geschäft gewesen wäre, um den Nachtalarm abzustellen, wäre meine Abwesenheit durch ein lautes Alarmgeheule registriert worden, und keiner wäre an den Safe herangekommen. Ich war in den gesamten dreißig Jahren ein einziges Mal krank, aber auch nur drei Tage lang.

Ich bin nicht zuletzt durch Hedy ziemlich häuslich geworden. Außerdem muß man doch, wenn man jeden Morgen um sieben Uhr aufsteht, einen klaren Kopf haben. Eine meiner besten Kundinnen bei Tiffany waren Jackie Onassis und früher Grace Kelly. Zwei phantastische Frauen, an denen jedes Schmuckstück edel aussah. Wenn Jackie Onassis heute zu Tiffany kommt, meldet sie sich vorher an und benutzt ganz früh morgens einen Seiteneingang, um nicht gesehen zu werden. Das Geschäft bleibt dann auch etwas länger zu, und wenn die ersten Kunden kommen, ist die ehemalige First Lady schon wieder an ihrem Schreibtisch beim New Yorker Buchverlag Doubleday. Die schlimmste Kundin war Prinzessin Margaret von England. Sie hatte einmal von Elsa Paretti eine silberne Tasche geschenkt bekommen. Nach drei Jahren kam sie zurück und wollte die Tasche umtauschen. Ein anderes Mal wollte sie ein neues Uhrenarmband. Wir schenkten ihr im Namen von Tiffany ein neues Armband und warfen das alte weg. Wenige Stunden später kam sie empört zurück und fragte, wo das alte Armband sei. Wir holten das kaputte Ding aus dem Müll und packten es ihr ein.

Ich hatte aber auch sehr nette Kunden, über deren Besuch ich mich immer freute. Liz Taylor war sehr oft bei Tiffany, vor allem als Richard Burton noch die Penthousewohnung bei uns im Hause bewohnte. Liza Minelli war immer liebenswürdig, auch Betty Johnson, die Ehefrau des ehemaligen US-Präsidenten.

Einmal wurde mir der König von Zaire angekündigt. Eine Delegation von 15 Farbigen kam in unser Geschäft, einen kleinen Dicken in der Mitte – das war der König von Zaire. Er kaufte für eine halbe Million Mark ein Geburtstagsgeschenk für seine Frau. Imelda Marcos, die ehemalige First Lady der Philippinen, war bei uns Stammgast. Sie kaufte unsere schönste Kette, von der es nur zwei Exemplare auf der Welt gab: einen Yard-Diamanten – wie Perlen am Stück aufgereiht (91,44 Zentimeter) – sie kostete damals eine Million Mark und hat heute bereits einen unschätzbaren Wert. Imelda sagte: ›Wenn ich die Kette nicht trage, gebe ich sie meiner Tochter.‹

Meine letzte Kundin bei Tiffany war Prinzessin Isabella von Spanien. Sie wollte eine Gürtelschnalle von Elsa Paretti kaufen. Als sie mich fragte, ob ich die Schnalle anprobieren könnte, erwiderte ich, es wäre besser, es an ihr auszuprobieren, denn sie habe doch eine viel hübschere Taille. Die Sicherheitsbeamten grinsten, und sie lachte schließlich auch.

Ich fühlte mich im Umgang mit Prominenten ziemlich sicher, nicht zuletzt durch meine Beziehung zu Hedy.

Die Beziehung zu Hedy gestaltete sich zunehmlich schlechter – nach einer phantastischen Zeit von immerhin zehn Jahren. Ich sollte jedoch, egal was kommen sollte, immer die Person ihres Vertrauens bleiben.

Hedy sah natürlich nicht mehr so aus wie vor 40 Jahren. Das belastete sie wohl am meisten. Trotz daß ich ihr immer wieder versicherte, daß ein paar Falten nun einfach zum Leben gehören, wollte sie unbedingt zum Schönheitschirurgen. Ich weiß nicht, wie oft sie wirklich da war, aber er straffte nicht nur ihr Gesicht, sondern zog ihr auch Muskeln. Ich war entsetzt. Hedy rannte mit einem Foto, das sie vor 40 Jahren zeigte, zum Arzt und wollte genauso aussehen. Das kann doch kein Arzt dieser Welt bewerkstelligen. In den letzten Jahren wollte sie mich unbedingt heiraten und mit mir nach Florida ziehen, doch ich weigerte mich, das eine oder das andere zu tun. Sie kaufte sich schließlich eine Wohnung in Orlando und zog um – mitsamt ihrem Schmuck. Ich warnte sie, darauf aufzupassen und ihn in einen Safe bei der Bank zu legen – doch es war schon zu spät. Wenige Tage nach ihrem Umzug hatten Diebe ihr Appartement ausgeräumt und den gesamten Schmuck gestohlen. Es waren Werte in Millionenhöhe, alleine das wunderschöne Collier von Harry Winston mit Smaragden und Emeralden war schon eine halbe Million Mark wert. Das war wieder typisch. Ich achtete alle diese Jahre auf ihren Schmuck, warnte sie davor, alles im Koffer nach Florida zu transportieren, und jetzt wollte sie mich auch noch verantwortlich machen, daß der Schmuck weg war. Ich sage Ihnen – Hollywoodstars haben ihren eigenen Kopf!

New York – früher war es eine faszinierende Stadt. Als man mit seiner Liebsten im Arm unter den schönen gußeisernen Straßenlaternen im Central Park sitzen konnte. Heute ist New York für mich meine Heimat, eine Heimat, die leider aller Romantik entbehrt. Die Stadt ist grausam und brutal geworden. Wenn ich die ganzen Heimatlosen an den Straßen herumliegen sehe oder Aidskranke, die hilflos durch die Straßen schleichen, schaudert mich. Dennoch würde ich aus dieser Stadt nicht wegziehen. Denn sie hat mir alles im Leben gegeben: Erfolg, Glück, das Zusammentreffen mit Menschen, die Geschichte schrieben. Das bindet und versöhnt mich mit New York.«

MEIN PERSÖNLICHES NEW YORK:

LIEBLINGSSCHMUCKSTÜCK:
»Yellow Canary«, der größte Diamant von Tiffany

RESTAURANTS:
Guardian Room im *Plaza Hotel, Board Room* an der Park Avenue (Privater Club)

EINKAUFEN:
Madison Avenue, Bergdorff Goodman, Saks

WOCHENENDE:
die Hamptons auf Long Island

AUSGEHEN:
Oper, Theater, Jazzclubs in Harlem

LIEBLINGSPLÄTZE:
Metropolitan Museum, Museum of Modern Art (Momo), Hudson Promenade am Riverside Drive

VÖLLIG OUT:
U-Bahn, Central Park (seit 25 Jahren zu gefährlich)

ANNEMARIE HUSTE

aus Ulm:

Die Köchin
von Jackie Kennedy

Erzürnt griff Amerikas ehemalige First Lady Jackie Kennedy zum Telefon und feuerte ihre Köchin Annemarie. Fristlos. Das war am 16. April 1968. Ein Glückstag für die deutsche Köchin – wie sich aber erst etwas später herausstellen sollte. Doch zuerst einmal war Annemarie Huste tief enttäuscht, daß Jackie Kennedy ihr so wenig Vertrauen entgegenbrachte. Schließlich kochte sie schon seit zwei Jahren für den schicken Haushalt an der Fifth Avenue. Auch die Kinder John und Caroline liebten das hübsche blonde Mädchen aus Ulm heiß und innig.

Bei der Lektüre der Morgenzeitung war Amerikas First Lady auf die Zukunftspläne ihrer deutschen Köchin gestoßen. In einem groß aufgemachten Artikel war da zu lesen, daß die 24jährige Spitzenkraft ein Kochbuch herausgeben will und in einer Fernsehserie über Jackies Geheimrezepte zum Schlankwerden plaudern wolle. Annemaries Fernziel, so las Jackie fassungslos, sei es, recht bald Millionärin zu werden.

In der Kennedy-Küche bekam sie monatlich 500 Dollar und hatte einen Vertrag, der ihr absolutes Schweigen über alle Interna im Hause an der Fifth Avenue auftrug. Schlechte Erfahrungen hatte man schon zur Genüge gesammelt. Denn jede Serviererin und jedes Kindermädchen, das je, wenn auch nur für wenige Tage im Hause Kennedy gearbeitet hatte, verkaufte damals ihre Informationen für sehr viel Geld an die Presse oder an einen Verlag.

»Wenn Frau Kennedy hustete, stand am nächsten Tag in der Zeitung, sie hätte eine Lungenentzündung«, erinnert sich Annemarie. »Ich hätte nie etwas über die Familie ausgeplaudert, denn ich hatte bei den Kennedys ein schönes Leben. Sie waren mit meinen Kochkünsten zufrieden. John und Caroline freuten sich, eine junge Köchin zu haben, die ihnen ihren Schokoladenpudding kochte und mit ihnen spielte.

Ich lernte tolle Leute kennen, jeder der Rang und Namen hatte, kam damals ins Kennedy-Haus.«

Könige, Prinzen und Schauspieler waren voll des Lobes. In Jackie Kennedys Haus waren sich plötzlich solch unterschiedliche Geister wie Kaiser Haile Selassie von Äthiopien, Prinz Philipp von England und König Hassan von Marokko einig: Ein Abend bei Jackie Kennedy ist eine Sternstunde für Feinschmecker. Um so größer war das Erstaunen, wenn die Präsidentenwitwe die Schöpferin aller lukullischen Genüsse zur Entgegennahme des Lobes an die Tür bat. Statt eines rundlichen Kochlöffelgentleman in Küchenschürze und Chefmütze machte ein artiges, aber selbstbewußtes Mädchen einen Knicks: Annemarie Huste – das deutsche »Fräulein Wunder«, wie sie Jackie Kennedy zu nennen pflegte, war seit zwei Jahren Köchin im ehemaligen Präsidentenhaushalt an der vornehmen Park Avenue in New York bis zu diesem fatalen 16. April 1968.

»Seit ich bei den Kennedys war, wurde ich ununterbrochen von Reportern bedrängt. Ein einziges Mal sagte ich, ich wolle später mal ein Kochbuch schreiben. Dieser kleine Satz führte zu den Schlagzeilen und zu meiner Kündigung.«

Dabei war Annemarie stolz darauf, Köchin im Kennedy-Haushalt zu sein. Die jüngste Köchin, die es jemals in einem solch prominenten Haushalt gab. Sie war Chefin von acht Angestellten und hatte ein wunderschönes Appartement nur wenige Blocks von der berühmten Fifth Avenue entfernt. Was wollte ein 24jähriges Mädchen aus Ulm im Schwabenlande damals mehr? Annemarie war im April 1963 aus Ulm nach Amerika aufgebrochen. »Wenn du Erfolg haben willst, mußt du nach New York. Das war selbst einem Mädchen aus dem Schwabenlande klar«, sagt Annemarie. Sie war in ihrer Familie, die Eltern sind wohlhabende Pelzhändler aus Ulm, schon immer das schwarze Schaf.

»Ich wollte von Anfang an Köchin werden und sehr erfolgreich sein. Das verstand natürlich niemand. Köchin war damals für ein Mädchen aus solch einem Hause kein Beruf, und Erfolg hieß bei uns, einen netten Ehemann und Kinder zu bekommen.«

Drei Jahre lang ging Annemarie ihren Eltern zuliebe einen Kompromiß ein und machte eine Lehre als Schuhverkäuferin. Sie heuerte danach in einem der ersten Haushalte in Ulm als Köchin an, die Eltern legten bei der befreundeten Familie ein Wort für ihre widerspenstige Tochter ein, und sie bekam den Job. Annemarie kochte hervorragend, obwohl sie es nie gelernt hatte. Sie hatte sich zwei Dinge in ihren Kopf gesetzt: Sie wollte Köchin werden und Erfolg haben.

»Von Ulm ging ich in einen Haushalt nach München. In Ulm war mir alles zu eng und zu klein. Die Leute sagten zu meinen Ideen entweder ›das macht man nicht‹ oder ›das kannst du nicht‹. Irgendwann ging mir das so auf den Geist, daß ich meiner Mutter vorgaukelte, ich hätte eine Arbeit als Hausangestellte in New York«, erzählt Annemarie. »Nichts hatte ich – außer einer unbändigen Abenteuerlust und dem Gefühl, nur in New York kannst du Erfolg haben.« Auf dem Weg zum Flughafen steckte Annemaries Mutter ihr noch großzügig drei Dollar zu. Das Flugticket der Pakistan Airlines von Frankfurt nach New York mit der Sitznummer 14 B besitzt Annemarie noch heute. »Ich war überglücklich, plötzlich Neonlichter zu sehen und Gebäude, die sich in schwindelnde Höhen schwangen. Ich könnte wetten, die meisten meiner schwäbischen Freunde hätte das schokkiert. Ich dagegen hatte das Gefühl eines Salzwasserfisches, der bisher immer im Süßwasser schwimmen mußte und zum ersten Mal in heimischen Gewässern war.«

New York mit drei Dollar in der Tasche ist natürlich schwierig. Annemarie lernte noch am Flughafen aus dem Branchenverzeichnis, daß es eine Agentur für Köche gab. Mit der U-Bahn fuhr sie dahin. Annemarie war damals gerade 21 Jahre alt.

»Die Agentur bot mir einen Job bei einer griechischen Tankerfamilie, es war zwar nicht Onassis, doch immerhin war die Familie Gregory Kalimanopolis 60 Tanker schwer und wohnte in einer 12-Zimmer-Wohnung an der Fifth Avenue.«

Neun Monate war Annemarie in dieser Familie, dann kündigte sie, weil das Lieblingsdessert dieser Leute geschälte Weintrauben waren.

»Haben Sie schon einmal Weintrauben für 12 bis 20 Leute zum

Annemarie bei ihrem ersten Kochkurs 1968

Nachtisch geschält?« Als sie bei der Agentur nachfragte, ob es nicht vielleicht eine andere Arbeit als Köchin gäbe, sagte man ihr, daß der einzig momentan verfügbare Job bei Billy Rose sei. »Die Agentur sagte mir, es sei ein schwieriger Job, weil Herr Rose sehr viel verlange und mit nichts zufrieden sei. Er hätte einen 48-Zimmer-Haushalt, damals der größte private Haushalt, den es in New York gab, und immer Hunderte von Gästen.«

Annemarie ließ sich nicht beeindrucken und sagte zu. Als sie einer Freundin erzählte, sie habe ein Vorstellungsgespräch im Hause Billy Rose, sagte diese ziemlich ungläubig: »You are kidding.« (Du machst Scherze).

»Da wurde ich neugierig und versuchte, mich über Billy Rose zu informieren«, erzählt Annemarie. »Ich ging in die Public Library in New York, die öffentliche Bücherei, und fand seine Memoiren. Das Buch von 1954 hatte wohl zu dieser Zeit schon Seltenheitswert, und daher durfte ich es nicht mit nach Hause nehmen«, erzählt Annemarie. Es war schon spät an diesem Abend und ihre Neugierde steigerte sich ins Grenzenlose. Am nächsten Morgen um neun Uhr saß Annemarie im Lesesaal und zog sich die Biographie von Billy Rose rein: Ein Multimillionär, der sich mit Filmen und Broadway Musicals einen Namen machte. Zudem war er der größte private Aktienhalter der Multi-Millionen-Telefongesellschaft ATT. Alles was Rose machte, war überdimensional. Sein Erfolg, sein Geld! »Ich dachte mir, von dem Kerl kannst du bestimmt etwas lernen«, sagt Annemarie.

Beim Vorstellungsgespräch am nächsten Tag zitterten Annemarie die Knie. Sie stand vor einem fünfstöckigen Townhouse mit gußeisernen Gittern vor den Fenstern und goldenen Türknöpfen. Ein Butler in Frack und weißen Handschuhen öffnete die Tür und blickte sie distinguiert an. Er trug die Arroganz und zugleich die Nonchalance seines Herrn zur Schau. Annemarie kam sich klein und ungeheuer schäbig vor bei all dem Glanz und Reichtum, der sie im Haus empfing. Billy Rose erwartete sie im Salon vor einem offenen Kaminfeuer, statt einer Begrüßung sagte er erstaunt: »Sie sehen gar nicht wie eine Köchin aus. Sie sind viel zu jung und zu schlank.« »Ich wollte schon sagen, sie sehen aber auch nicht wie ein Multimillionär aus, doch ich verkniff es mir«, erinnert sich Annemarie.

»Was können Sie denn überhaupt kochen?« fragte Billy Rose. Annemarie hatte sich ein französisches Kochbuch unter den Arm geklemmt – ihr größter Schatz zu jener Zeit. Es war ihr einziges Kochbuch. Sie hatte es mit 12 Jahren zum Entsetzen ihrer Eltern auf Raten gekauft. Es kostete in Ulm damals schon 50 Mark. Dieses Kochbuch schlug sie nun auf und zeigte dem erstaunten Billy Rose *Boeuf praisé au Champagne, Dinde au grenades* und *Lièvre à l'orange*. Annemarie war fast schon eingestellt, als Billy Rose sie plötzlich noch nach den Desserts fragte. Er wollte wissen, ob sie seine Lieblingsspeise *Chocolat Normandie* machen könne?

Annemarie antwortete: »Selbstverständlich kann ich das.« Es war zwar eine Notlüge. »Aber diese Eigenschaft habe ich mir bis heute erhalten. Ich kann immer alles und traue mir sehr viel zu, bis jemand das Gegenteil beweisen kann«, sagt Annemarie. »Hätte Billy Rose mich nach dem Rezept gefragt, dann hätte ich ihm einfach geantwortet, das sei mein Geheimnis.«

Sie hatte Glück. Billy Rose stellte sie als Köchin ein, für 30 Dollar pro Woche. Das war für Annemarie sehr viel Geld.

»Ich war plötzlich Chefin über 12 Hausangestellte in dem größten Privathaushalt in New York. Sämtliche Hollywood- und Broadwaystars kamen zum Dinner. Ich machte kalte Platten für Hunderte verwöhnter Gaumen, ich kreierte neue Speisen und Desserts.«

Billy Rose verwarf plötzlich seinen *Chocolat Normandie* und wollte nur noch Annemaries Käsekuchen mit Schokoladensauce. Er war stolz auf seine deutsche Köchin, und viele Gäste versuchten Annemarie abzuwerben. Neun Monate später starb Billy Rose überraschend auf seinem Landsitz in Jamaica an einer Lungenentzündung. Wenige Tage nach seinem Tod verlangte eine gewisse Nancy Tuckermann Annemarie zu sprechen. »Ich habe gehört, Sie kochen sehr gut und sind frei. Frau Kennedy möchte Sie gerne sehen« erklärte die Privatsekretärin von Jackie Kennedy.

Die ehemalige First Lady war damals, wenige Jahre nach dem Attentat auf Präsident John F. Kennedy, von Washington nach New York gezogen, in die gleiche Wohnung an der Fifth Avenue, in der sie heute noch wohnt.

»Ich war schrecklich aufgeregt, als ich schließlich vor Jackie Kennedy stand. Doch sie war fabelhaft locker, schon nach zwei Minuten war ich sehr ruhig und hatte meinen Schneid wieder. Ich beantwortete alle ihre Fragen mit ›Ja‹. Ja, das kann ich. Ja, das will ich«, erinnert sich Annemarie, die damals gerade 22 Jahre alt war.

»Das ist das Fabelhafte an Amerika. Es ist nicht so wichtig, woher du kommst und welche Zeugnisse du hast, sondern wieviel Schneid du hast und ob du fähig bist, daraus etwas zu machen. Diese Chance hätte ich in Deutschland nie bekommen.«

»Frau Kennedy gefiel es, daß ich jung war. Tochter Caroline war damals sieben Jahre alt und Sohn John vier Jahre. Sie wollte junges Hauspersonal, das sich mit den Kindern anfreunden sollte.«

Annemarie bekam 125 Dollar die Woche – ungefähr 500 Mark. Die Familie war unkompliziert, fand Annemarie. Wesentlich einfacher als die griechische Reedersfamilie beispielsweise. Jackie liebte französische Küche, aß jedoch nur sehr kleine Portionen. Sie fürchtete um ihre Wespentaille. Die Kinder waren zufrieden, wenn sie in der Küche sein durften und zuschauen.

»John malte kleine Bilder für mich«, erzählt Annemarie. »Von wegen immer nur Kaviar zum Frühstück. Das meiste, was über die Kennedys geschrieben wurde, war ziemlich falsch.«

Eine andere Köchin schrieb später einmal, daß es wahnsinnig schwierig sei, sich auf Frau Kennedys ständig wechselnde Essenswünsche einzustellen, daß das Kochgeschirr zu alt und die Küche zu klein sei und es keine Tellerwärmer gäbe.

»Das ist alles Quatsch. An meinem Essen wurde selten gemeckert, und richtig vornehm ging es eben nur zu, wenn Besuch kam« erzählt Annemarie.

Alle Leute, die in den 60er Jahren berühmt waren, gingen in diesem Haus ein und aus. Staatsgäste schauten im Anschluß an den offiziellen Besuch bei Kennedy-Nachfolger Präsident Johnson bei Jackie Kennedy vorbei. Annemarie kochte so hervoragend, daß Jackie ihre hohen Gäste gerne in die kleine Küche führte. So standen Könige und Prinzen um Annemaries Kochtöpfe ...

Bis zu diesem 16. April 1968:

»Als Jackie mich feuerte, war ich zwei Jahre, einen Monat und 16 Tage bei ihr. Zuerst wollte ich mich vor Scham aus dem Fenster stürzen. In allen Zeitungen war ich auf den Titelseiten. ›Jackie feuert deutsche Köchin‹, stand da.

Selbst meine Eltern in Ulm wurden dazu interviewt. Dann sollte mein Bruder in Rio de Janeiro dazu Stellung nehmen. Er war bei einer deutschen Fluggesellschaft in Brasilien angestellt und wußte natürlich auch keine Einzelheiten. Ich war zu enttäuscht, um mich zu verteidigen, und es war ja auch schon zu spät.« Eine Story löste die nächste ab. »Ich las über mein ganzes Leben in der Zeitung. Der

…und 20 Jahre später vor ihrem Stadthaus

Rausschmiß entpuppte sich als Glück im Unglück«, sagt Annemarie. Das Telefon in ihrer kleinen Wohnung an der Lexington Avenue stand nicht still. »Alle großen Verlage Amerikas riefen an und wollten mein Buch verlegen. Die Zeitungen hatten ja schließlich gemeldet, ich würde ein Buch schreiben. Was sollte ich tun, ich war arbeitslos, irgendwie mußte es schließlich weitergehen. Wenige Stunden später schon wurde mir klar, was diese fristlose Kündigung ausgelöst hatte: Die vier größten Fernsehgesellschaften, Reporter aller großen

Zeitungen und Illustrierten des In- und Auslandes stürmten meine Tür«, erzählt Annemarie. Agenten versuchten Annemarie für Millionärsküchen zu engagieren. Aus Dallas/Texas rief eine der reichsten Familien des Landes an, bot Annemarie ein Jahresgehalt von 15000 Dollar (rund 60000 Mark), jeden Monat eine Woche frei und jährlich einen Monat bezahlten Urlaub. Die kleine Köchin im Minirock war die Attraktion schlechthin. »The Phantastic German Lady-Cook« nannte man Annemarie. »Doch was dann kam, sprengte mein finanzielles Vorstellungsvermögen«, erzählt sie. Ein amerikanischer Verleger machte ihr ein Angebot, das sie nicht ausschlagen konnte. Er bot ihr für ein Kochbuch ein Honorar von 50000 Dollar (200000 Mark), dazu 95 Cents für jedes verkaufte Exemplar. Das war das höchste Honorar, was bis zu diesem Zeitpunkt je für ein Kochbuch in Amerika gezahlt wurde. Der Verleger sagte sich, wem es gelungen ist, Mrs. Kennedys Wespentaille zu erhalten, der kann auch den diätverfallenen Amerikanern einiges über Kalorien erzählen. Das Buch wird sich von selbst verkaufen.

»Ich wußte gar nicht, wie mir geschah. Wenn in Deutschland jemand gefeuert wird, ist das ganz schrecklich, eine Schande für die Person und eine Schande für die Familie«, reflektiert Annemarie.

»In Amerika wurde die fristlose Kündigung für mich zum Glücksfall; es war der erste Schritt zur Millionärin. Ganz schön verrückt.« Das Buchhonorar betrug mehr, als Annemarie in 10 Jahren als Köchin verdient hätte!

Zwölf Wochen waren es noch bis Weihnachten und rechtzeitig zum Fest sollte *Annemaries Personal Cookbook* (Annemaries persönliches Kochbuch) auf den Markt kommen, so wollte es der Verleger.

»Als ich den 50000-Dollar-Scheck in der Hand hielt, bekam ich plötzlich Panik«, erzählt Annemarie. »Ich begann wie eine Verrückte zu kochen. Denn ausgemessen hatte ich die Zutaten zu meinen Gerichten nie, ich habe immer nur nach Gefühl gearbeitet.«

Das Buch wurde rechtzeitig fertig. Verfaßt von Jackie Kennedys Ex-Köchin – prangte vom Titel des Kochbuches.

Es verkaufte sich blendend. 100000 Exemplare in den ersten vier Tagen, insgesamt wurden es 280000 Exemplare. Plötzlich standen die Rezepte der Kennedy-Köchin in allen Frauenmagazinen. Ganz Amerika kochte Hustes schwarze Pilzsuppe, die gegrillten Hähnchen in Zitrone und Himbeere à l'Orange. »Annis« typisch deutsches Festmenü wurde 1968 sogar zum amerikanischen Weihnachtshit: Gänsebraten mit Spätzle und Blaukraut, zum Nachtisch Apfelstrudel. Während die Hausfrauen Amerikas über Annemaries Kochbuch gebeugt standen, packte die Köchin ihr erstes Exemplar und flog es persönlich zu ihrer Mutter nach Ulm: »Siehst du, Mami, jetzt habe ich Erfolg«, erklärte Annemarie ihrer staunenden Mutter. Was für ein Triumph!

Jackie Kennedy hat sich später bei Annemarie entschuldigt, denn ihre Köchin hatte Wort gehalten. Sie hatte nie auch nur das kleinste Detail über den Kennedy-Haushalt ausgeplaudert.

Fast über Nacht war Annemarie berühmt geworden. Amerika ernannte Annemarie Huste zur »Köchin des Jahres«. Sie wurde von einer Fernsehshow zur nächsten gereicht. Ihre Bücher verkauften sich weltweit, auch in Deutschland. Die erste DM-Million floß auf ihr deutsches Konto. Sieben Manager und Berater legten ihr Geld an, in Mietshäuser und Wohnungen in Beverly Hills, New York und später einer 2000-Hektar-Farm in Virginia. Plötzlich war Jackies Köchin reich.

Für Annemarie war es ein Wunder. Sie kam mit drei Dollar nach Amerika. Vier Jahre später war sie bereits Millionärin.

»Ich hatte ja genau diesen amerikanischen Traum. Ich war überzeugt, daß in Amerika aus mir etwas werden könnte. Nur die Art, wie ich plötzlich zu Geld kam, überstieg meine Phantasie. Wenn man reich ist, bekommt man zudem alles geschenkt. Einen kostbaren Nerzmantel oder eine Nerzjacke mit Kapuze. Wenn man arm ist, muß man dafür bezahlen. Ist das nicht verrückt?«

Annemarie dachte an ihren inzwischen verstorbenen Onkel in Cleveland. Wie unrecht er doch hatte. Als Annemarie ihm damals schrieb, sie wolle nach Amerika, riet er ihr dringend davon ab. »Vergiß es, Annemarie, das konnte man vor 40 Jahren, aber doch heute nicht mehr«, schrieb er.

Er hätte gestaunt, Annemarie jetzt in New York zu sehen. Sie genoß das Leben einer reichen Frau in vollen Zügen. Annemarie war auf allen Partys, fand es aufregend, Leute kennenzulernen. Sie genoß ihre Prominenz.

»Es ist toll, wenn man dich überall kennt. Ich bekam den schönsten Platz im Restaurant, das beste Essen, auf der Straße winkten mir die Leute zu, klopften mir anerkennend auf die Schulter. Das wäre mir in Ulm nie passiert.«

Doch Annemaries Erfolg ist hier nicht zu Ende. Zugegeben war es jetzt einfacher. Sie war bekannt und hatte genug Geld. Annemarie eröffnete eine Kochschule und nahm zwei Fernsehangebote an. Jeden Sonnabend von 11–13 Uhr kochte Annemarie live im Fernsehen, die Einschaltquoten überstiegen alle Erwartungen.

»Ich gehörte schon in die amerikanische Familie. Die Leute nahmen Anteil an meinem Leben. Ich nahm meinen Hund mit in die Live-Show, und wenn *Schatzi* mal nicht dabei war, meldeten sich Hunderte von besorgten Anrufern, die befürchteten, er wäre krank.«

Zusätzlich kochte Annemarie für einen lokalen New Yorker Fernsehsender. Nach 13 Jahren, in denen sie weitere fünf Kochbücher schrieb, gab Annemarie die Kochschule auf. Durch einen Freund kam sie auf eine neue Idee. Er war einer der Chefs der großen Börsenfirma Salomon Brothers an der Wallstreet. Dieser Mann hatte immer exklusive Gesellschaften und wußte nicht wohin – selbst mit so berühmten Hotels wie dem Waldorf Astoria oder dem New York Plaza war dieser Mann unzufrieden. Er wollte seinen Gästen eine ganz exklusive, private Atmosphäre bieten. So entstand Annemaries privater »Dining Service«.

»Ich kaufte mir für drei Millionen Dollar ein dreistöckiges Townhouse an der Park Avenue South und richtete es ganz exklusiv für private Gesellschaften ein«, erzählt sie. Es war von Anfang an ein Erfolg: Annemarie kauft für jedes sechsgängige Menü, das sie immer selbst kocht, alle Zutaten frisch ein. »Ich bespreche zwar mit den

... und im Inneren eine Erinnerung an die Heimatstadt

Gastgebern das Menü. Doch weigere ich mich, mitten im Winter zum Beispiel Tomatensuppe zu kochen, denn es gibt in dieser Zeit keine wohlschmeckenden Tomaten. Ich kaufe auch nur die von Menschen geerntete Ware. Ich hasse die Fließbandernten.«

Von wunderschönen Blumenarrangements, Champagner zum Empfang und Live-Musik zum Tanz ist alles im Preis von 150 Dollar pro Person inbegriffen. Annemaries Gesellschaften sind auf maximal 50 Leute beschränkt. Zur Zeit hat sie eine Warteliste von drei bis vier Monaten, von Leuten, wie sie sagt, die zu ihr kommen, weil ihnen das Hotel Vier Jahreszeiten nicht gut genug ist!

»Geld ist heute nicht mehr alles für mich«, sagt Annemarie. »Ich habe genug, um in New York angenehm leben zu können. Es ist herrlich und wichtig in dieser Traumstadt, die ich so liebe, Geld zu haben. New York ist eine Welt für sich. Man muß wirklich verrückt sein, um hier zu leben. Ich bin es, deshalb ist es für mich persönlich die beste

Stadt auf der Welt. New York wurde nur für mich gebaut. Ich hätte auch nirgendwo anders auf der Welt diesen Erfolg gehabt als in New York City.

Wenn du es in New York schaffst, schaffst du es überall auf der Welt«, sagt Annemarie. »If you can make it here you can make it everywhere«, Frank Sinatras berühmter Song: New York, New York... scheint nur für Annemarie geschrieben zu sein. Es gibt wohl kaum eine bessere Erfolgsgeschichte, die nach dem amerikanischen Traum vom Tellerwäscher zum Millionär – in Annemaries Fall von der Köchin zur Multimillionärin – gestrickt ist.

ANNEMARIES PERSÖNLICHES NEW YORK:

RESTAURANT:
Sushi im japanischen Restaurant *Oishi* [430 3rd Ave]

LIEBLINGSPLATZ:
Secret Gardens im Central Park (105. Straße)

SHOPPING:
Canal Street in Chinatown für Fisch, Markt am Union Square für Gemüse, Blumengroßmarkt an der 28. Straße

BÜCHER:
Meine Kochbücher

KÖRPERPFLEGE:
Personal Trainer, Shiatsu-Massage und Bodyshave

MUSIK:
New York, New York von Frank Sinatra

PHILOSOPHIE:
In New York kann jeder Millionär werden, er muß es nur wollen.

HORST DIETER ESCH:

Milliardenspiele
eines Schlossersohns aus
Hannover

Dies ist die Geschichte eines sensationellen deutschen Aufsteigers, der als Sohn eines Schlossers in Hannover geboren wurde und sich vom Kinokartenverkäufer zu einer der schillerndsten Managerfiguren der Welt erhob, mit einer Milliarde Schulden ins Gefängnis wanderte und sich jetzt in New York wie Phönix aus der Asche zu neuem Glanz und Größe aufschwingt. Heute »verkauft« er zusammen mit seiner Frau Gaby in New York Menschen und verdient mit der Modelagentur *Wilhelmina* die schönsten Millionen seines Lebens. Eine amerikanische Karriere, nicht vom einfachen Tellerwäscher zum Millionär, sondern ein Weg mit vielen Hindernissen.

Horst Dieter Esch (50), bekannt durch seine Milliardenpleite mit der drittgrößten Baumaschinenfirma der Welt, ist nach sechseinhalb Jahren Gefängnis, vier Jahre und vier Monate davon mußte er wegen Vergehen gegen das Aktiengesetz und damit verbundenen Betrug absitzen, nach Amerika ausgewandert. In Deutschland hätte ihm keiner mehr eine Chance gegeben. Zu groß war der Skandal. Genüßlich lasen seine Neider: *»Der größte Bluff des Jahres«*, *»Der Fall des Horst Dieter Esch«*, *»Das Ende eines Wunderknaben«*.

Esch ging mit seiner gigantischen Pleite in die Geschichte der Wirtschaftskriminalität ein.

Seit vier Jahren ist er wieder auf freiem Fuß. Seitdem ist der seinerzeit so von Reportern umlagerte Esch von der deutschen Bildfläche verschwunden. Er zog die Konsequenzen und ging mit seiner Familie, Ehefrau Ana-Gaby (48) und Tochter Natascha (21), über den Atlantik. New York, seit Jahrzehnten gewöhnt an Einwanderer aus aller Welt, ist ein tolerantes, weltoffenes Pflaster. Hier fragt keiner nach der Vergangenheit. Einzig Geld und Erfolg zählen in der Stadt der Superlativen. Eine Herausforderung, wie geschaffen für einen Mann, der eigentlich mit normalen Maßstäben nie zu messen war:

Horst Dieter Esch, mittelgroß und kräftig gebaut, mit wachen, hinter einer Hornbrille versteckten Augen im glatten Pokergesicht, gilt nicht nur als cleverer Geschäftsmann, sondern auch als einer der besten Backgammonspieler der Welt. Glück und Kaltblütigkeit kamen ihm stets zugute, wenn es um alles oder nichts ging.

In seiner Sechs-Millionen-Dollar-Villa auf Butlers Island, einer privaten Halbinsel in Darien im US-Staat Connecticut, 45 Zugminuten nördlich von New York, empfängt er die Autorin zum Kaffee. Zum ersten Mal nach seiner Gefängnisstrafe und seinem Auswandern nach Amerika will er über Vergangenheit und Zukunft reden. Im Kamin flackert ein Feuer, entspannt sitzt Horst Dieter Esch auf seiner eleganten cremefarbenen Couch und blickt durch ein bis zum Boden reichendes Wohnzimmerfenster auf sein großes, sich sanft zum Wasser neigendes Grundstück. Eine Halbinsel, auf der nur reiche New Yorker wohnen, die von einer privaten Wachgesellschaft vor Fremden abgeschirmt und gesichert werden. In Dieter Eschs Garten weht die amerikanische Flagge.

Hat er mit Deutschland abgeschlossen?

»Es wäre zu sarkastisch, wenn ich hier die deutsche Flagge hissen würde«, sagt Esch. »Außerdem gehöre ich als Deutscher in meiner Familie zur Minderheit, meine Frau ist Jugoslawin, meine Tochter Natascha in Kanada geboren. Amerika hat uns eine Heimat gegeben, als wir sie am dringendsten brauchten.«

Esch ist seit seiner Freilassung 1988 nicht mehr in Deutschland gewesen. Sein schönes Haus in Niederhausen/Wildpark hat er für mehrere Millionen an einen Scheich aus Kuwait verkauft.

»Mit einem Scheich hat es begonnen ... und mit einem Scheich hat unser Leben in Deutschland aufgehört«, sagt Esch. Nichts bindet ihn mehr an dieses Land. Nicht einmal für den zweiteiligen deutschen Fernsehfilm *Das Milliardenspiel* zeigte Horst Dieter Esch Interesse. Obwohl seine Geschichte als Vorlage fürs Drehbuch diente. »Was wußte man in Deutschland schon über mich«, sagt Esch. Damit hat er recht. Der Film, in dem es um einen ehrgeizigen Jungunternehmer geht, dem es gelingt, über einen väterlichen Freund Firmen zu übernehmen und aufzukaufen und ein beachtliches Firmenimperium zu bilden, ist banal und mit dummen Yuppie-Sprüchen aufgemotzt. Im Auszug hört sich das so an: ›Aber heavy‹ ist Jungunternehmer Gerd Asselts Lieblingsphrase. So spricht ein Macker aus Unna. Einer, der es zu was gebracht hat im Amiland. Nur da nämlich gibt es ›Fighter‹, die ihn matchen. Um die hat er angebaggert und ihnen die Caterpillars en masse angedreht. Für einen wie Unternehmer Asselt ist Deutschland nur ein halbes Käsebrötchen. Und trotzdem kauft er hier mit ein paar Mios mehrere marode Baumaschinenfirmen auf, aber heavy. Mit einem gewaltigen Aufwand an illustren Schauspielern wie Ulrich Tukur, Friedrich von Thun und Norbert Atzhorn versuchte Regisseur Peter Keglevics aus dem Stoff eine Farce zu machen und den Fall Esch für die Nachwelt als größten Wirtschaftsskandal nach dem Kriege unvergessen zu machen. Doch die Story ist weder witzig noch erhellend, sondern langweilig und »heavy«. Niemand, aber auch wirklich niemand hätte mit dem Esch des Filmes zu tun haben wollen. Der »Film-Esch«, der sich schreiend und hysterisch beim Anblick baren Geldes durch den Film bewegt, ist in Wirklichkeit ein begabter und genialer Hasardeur, der nie wie ein aufgezogener Neureicher mit Geld um sich geworfen hätte.

Im Grunde genommen zeigt der Film, daß keiner den Fall Esch bisher richtig verstanden hat, er ist in der deutschen Wirtschaftsgeschichte ohne Beispiel geblieben.

Wozu Industriegiganten wie Max Grundig, Hans Liebherr oder Heinz Nixdorf ein Menschenleben voller Arbeit benötigten, das schaffte Esch anscheinend mühelos und im Handumdrehen.

Aus Abenteuerlust war Esch nach dem Abitur nach Los Angeles ausgewandert. Er fuhr für 500 Dollar auf der alten Bremen nach New York, nahm von dort einen Zug nach Los Angeles. Wenige Tage später jobbte Horst Dieter Esch als Platzanweiser vor einem Autokino. Mit diesem Geld finanzierte er sein Studium der Betriebswirtschaft an der berühmten Universität von Kalifornien UCLA. Eine echte Tellerwäscherkarriere: 1967 machte er sein Examen als Magister der Betriebswirtschaft, dann der erste Job als Verkäufer. Zufällig waren es Baumaschinen, eine internationale Branche. 1972 kehrte Esch dann nach Deutschland zurück – schon als Geschäftsführer eines großen Verkaufsunternehmens. Esch kümmerte sich zuerst um die Verkaufs-, dann die Exportabteilung, leitete dann eine Firma in Kanada. Als drei Jahre später dann die

Gaby und Horst Dieter Esch auf der Erfolgsstraße – Madison Avenue

große Krise über die Baubranche hereinbrach, sagte Esch zu seinem erstaunten Chef: »Ich kündige.«

Esch hatte eine spektakuläre Idee, die kurze Zeit später für die ersten Schlagzeilen sorgte. Er kaufte eine marode Pleitefirma, die 60 Millionen Mark Schulden hatte. Mit einer gehörigen Portion Optimismus und Überzeugungskraft fand er Teilhaber und bekam eine Bankbürgschaft. Zwei Millionen kratzte er selbst zusammen. Genug, um lebenslang ruiniert zu sein, wenn es schiefgegangen wäre.

»Meine Idee war«, sagt Esch, »mehrere mittelständische Betriebe dieser Sparte durch einen Verbund während der Baukrise abzusichern. Einzeln wären sie kaputtgegangen. Ich glaubte damals fest an einen baldigen Konjunkturaufschwung.«

Esch gliederte insgesamt 15 Firmen in seine IBH (International Baumaschinen Holding) ein. In acht Jahren war es ein 600-Millionen-Dollar-Unternehmen, dem so mächtige Aktionäre wie der amerikanische Autogigant General Motors (GM), das Bankhaus Schröder, Münchmeyer, Hengst und Co, (SMH-Bank), die saudische Dallah-Gruppe und die britische Babcock angehörten.

Trotz mieser Weltkonjunktur wurde Eschs Konzern so zur Nummer drei in der Welt. In Deutschland gehörte er zu den 100 größten Industrieunternehmen mit einem Jahresumsatz von 2,5 Milliarden und 12000 Mitarbeitern weltweit.

Horst Dieter Esch galt als Wunderknabe der deutschen Wirtschaft. Geschäftsleute aus aller Welt gingen bei ihm ein und aus.

Scheich Saleh A. Kamel aus Saudi-Arabien, der mit 20 Prozent an der Firma beteiligt war, kam mit seiner privaten Boeing nach Mainz zum Stammsitz der Firma geflogen. Dem millionenschweren Krösus aus dem Morgenland hatte das Ansehen der Firma imponiert, vor allem die Partnerschaft mit dem US-Giganten General Motors. Noch kurz vor der Pleite pumpte er 100 Millionen Mark in das Unternehmen.

»Der Scheich hatte von Wirtschaftsprüfern und Gutachtern die Firma untersuchen lassen, außerdem war er selbst im Aufsichtsrat und dadurch voll informiert«, sagt Esch. »Von Betrug meinerseits kann also keine Rede sein.«

Das Aus für Esch kam am 1. November 1984. In der Zentrale der Deutschen Bundesbank trafen sich zwei Dutzend Bankiers, die alle Geld von der SMH Bank zu kriegen hatten. Jetzt erst zeigte sich, wieviel Geld Graf von Gahlen von der Privatbank Schröder, Münchmeyer, Hengst und Co in den wackligen Konzern seines Schützlings Esch gepumpt hatte, es waren rund 900 Millionen Mark.

»Die Bauindustrie war von 1975 bis 1983 konstant rezessiv, und jede aggressive Politik, und das war es ja, was ich betrieben hatte, war mit Sicherheit falsch. Es wäre richtiger gewesen, zu schrumpfen anstatt auszubauen. Das ist das einzige, was mir wirklich vorzuwerfen wäre«, erklärt Esch.

Das Landgericht Koblenz hatte 30 Verhandlungstage angesetzt und vorsorglich Ersatzrichter und Ersatzschöffen bestellt. Die Anklageschrift gegen Esch umfaßte 500 Seiten. Im Verlauf des Prozesses wurde klar, wie schwierig es ist, eine klare Trennung zwischen unternehmerischer Fehlentscheidung und strafbaren Handlungen vorzunehmen. Man warf ihm vor, daß er mehrere Kapitalerhöhungen falsch bilanziert hatte. Schließlich wurde er verurteilt: zunächst im März 1984 wegen Untreue und Verstoßes gegen das Aktiengesetz und nochmals zwei Jahre später wegen verspäteter Konkursanmeldung.

Insgesamt wurde Esch zu einer Strafe von sechseinhalb Jahren Gefängnis verurteilt, viereinhalb Jahre der Haftzeit saß er ab.

Esch, der bis zum Beginn der Hauptverhandlung bereits zwei Jahre in Untersuchungshaft saß, lenkte zu Beginn des Prozesses ein. Die Verteidigung eines strittigen Prozesses hätte noch einmal bis zu vier Jahren gedauert, und das überschritt schon beinahe das Strafmaß eines Schuldspruches.

Am schlimmsten empfand Horst Dieter Esch die Zeit in Untersuchungshaft. Der sonst hartgesottene Mann, den, wie er selbst sagt, nur ein Weltkrieg außer Fassung bringen kann, empfand die 24 Monate in Frankfurt-Prangelsheim als die deprimierendsten seines Lebens.

»Der Mensch wird mit vielen Dingen fertig. Doch wenn man erst mal in U-Haft sitzt, ist die Freiheit weit weg. In einer ersten euphorischen Phase glaubt man, der Prozeß, der die Aufklärung bringen wird, kommt bald. Doch nach langen Monaten wird man deprimiert. Ich habe Leute getroffen, die saßen fünf Jahre in U-Haft. Das ist schlimmer als 20 Jahre Gefängnis. Es gibt keine geregelten Besuchszeiten, man muß jeden Besuch beantragen und wird während der Besuchszeit, die maximal eine halbe Stunde vierzehntägig dauert, wie ein Terrorist überwacht. Ich konnte nicht arbeiten, hatte keinen Urlaub, keinen Ausgang. Sobald man rechtmäßig verurteilt ist, ist das alles geregelt und dadurch einfacher. Diese U-Haft hat einen nachhaltigen Eindruck und Schaden bei mir hinterlassen. Auch heute noch, etliche Jahre später, zucke ich zusammen, und es geht mir sehr nahe, wenn jemand verhaftet wird.

Wir handelten nicht mit Vorsatz«, sagt Esch heute. Kein Mensch sei davon ausgegangen, daß die Kapitalerhöhung falsch deklariert gewesen war. »Wir hatten die Erhöhung als Barerhöhung deklariert, das Gericht meinte, das sei nach Paragraph 399 des Aktiengesetzes eine verschleierte Sacheinlage gewesen. Und somit Betrug.«

Inzwischen habe sich die Rechtsprechung geändert. Deshalb erfülle es ihn heute mit Genugtuung, daß sein ehemaliger Finanzvorstand Anfang des Jahres freigesprochen wurde. Für ihn ist die Geschichte deshalb vom Tisch.

Wichtiger ist ihm heute seine Familie, die ihr neues Leben in Amerika gefunden hat. In New York fühle er sich wohl. Außerdem geben ihm die USA gerne eine zweite Chance. Entscheidend ist, was man heute macht.

»Mein zweites Leben« sinniert Dieter Esch. Sein Blick schweift über seine neue Welt: Eine Gegend wie ein naiv gemalter amerikanischer Traum. Prächtige Alleen, die sein zweistöckiges Herrenhaus im neuenglischen Stil umgeben.

Die Dämmerung hat sich über das Anwesen in Connecticut gesenkt. Ehefrau Ana-Gaby serviert Apple-Pie (ein nach amerikanischer Art gebackener Apfelkuchen) und duftenden starken deutschen Kaffee.

»Es war schwierig, eine Ehe über eine solche Zeit ohne Schaden zu überstehen«, sagt sie. »Das Schwierigste war, sich in die Situation meines Mannes hineinzuversetzen, wenn man noch nie eingesperrt war, fällt das schwer. Sowohl meine Tochter als auch ich merkten sein Befinden an den Schwankungen seines Tonfalles. Das einzige, was mich motivierte, war positives Denken. Das hatte sowohl Dieter als auch mir am besten getan. Ich dachte, ich habe einen Mann, den ich sehr liebe und der mich liebt, er ist gesund und er lebt – er ist zwar nicht frei, aber eines Tages wird er wieder frei sein. Nur mit diesen

Horst Dieter Esch und eines seiner Models (Melba Moore)

Gedanken bin ich über die traurigen Tage hinweggekommen«, erzählt Gaby Esch.

Dieter Esch wischt mit einer energischen Handbewegung die trüben Gedanken endgültig hinweg. »Mein Schicksal hat die Familie enger zusammengeschweißt. Wir leben intensiver und bewußter«, sagt Esch. »Vor allem ich. Damals hatte ich Tag und Nacht gearbeitet. Ich sah weder die Blumen vor unserem Haus noch den Wechsel der Jahreszeiten.«

»Als wir am 24. Juli 1988 in New York eintrafen, atmete ich zuerst einmal befreit auf. Hier, dachte ich, kann ich ein neues Leben aufbauen. In dieser von verschiedenen Völkern brodelnden Metropole hat keiner Zeit, sich um die Vergangenheit der anderen zu kümmern, und jeder bekommt seine Chance, neu anzufangen. Diesen Tag werde ich nie vergessen. Das war mein neuer Geburtstag, der erste Tag meines neuen Lebens«, sagt Esch.

Von nun an ging es bergauf.

Mit viel Zeit und einer genauen Marktanalyse sondierte Esch die neuen Möglichkeiten. Es sollte ein Geschäft sein, an dem auch seine Frau Spaß haben würde und das seine Tochter nach ihrem Wirtschaftsstudium später weiterführen konnte. Daß es rentabel sein muß und Millionen bringen, versteht sich bei einem Mann wie Esch von selbst. Der ausgefuchste Wirtschaftsprofi fand auch bald, was er wollte.

Wilhelmina, die größte Modelagentur der Welt, stand zum Verkauf. Die Firma war 1967 vom erfolgreichsten Covergirl der sechziger Jahre, der deutschstämmigen Metzgerstochter Wilhelmina Behmenburg, gegründet worden und hatte sich zu einer der traditionellsten und angesehensten Modelagenturen entwickelt. Jedem Model, das in den siebziger und achtziger Jahren bei Wilhelmina unter Vertrag genommen wurde, war eine Weltkarriere sicher. Als Wilhelmina 1980 an Lungenkrebs starb, führte ihr Ehemann Bruce Cooper die Agentur bis zu seinem Tod 1989 weiter. Das ideale Objekt, entschied Horst Dieter Esch zusammen mit seinem Familienrat und kaufte sich den goldenen Thron der Wilhelmina für fünf Millionen Mark.

Als der korrekt gekleidete Mann im Business Outfit vor vier Jahren die Räume der Fotomodell-Agentur betrat, rätselten die Angestellten: »Horst Dieter who?« Den Namen Esch hatten die Beschäftigten der Agentur noch nie gehört. Aus der Branche konnte er nicht sein, das war klar, aber sehr reich mußte er sein, dieser Mister Esch, beschlossen sie. Denn mit 2000 weiblichen und männlichen Models ist Wilhelmina Inc. neben der New Yorker Konkurrentin Eileen Ford die größte und profitabelste Modelagentur der Welt.

Ein Firmen-Juwel hatte Esch gleich richtig erkannt. Er machte seine Frau zur Besitzerin der Agentur, an ihrer Seite blieb die erfahrene Mitbesitzerin und Mitgründerin der Wilhelmina, Frau Rothchild, und sich selbst stellte Esch als Berater in den Hintergrund. Eine kluge Entscheidung für einen Mann, der von seinem Äußeren eher in die geschäftige Welt der Wallstreet zu passen schien, als in die Glitzer- und Glamour-Welt von schönen Models, Hochglanz-Magazinen und Haute Couture.

Die Agentur zog von den kleinen engen Räumen zwischen Madison und Park Avenue in eine großzügige Loft an der Lower Park Avenue nahe beim Union Square. Ana-Gaby Esch stürzte sich in die Arbeit und richtete zusammen mit einem Designerbüro die Agentur erst einmal vollständig neu ein – mit Glanz, Glamour, Licht und modernen Bildern.

»Wir wollten die Agentur nicht nur funktional einteilen, sondern die Räume sollten Energie und Freude widerspiegeln«, erklärt Gaby Esch. »So wie ich mir eine Modelagentur in New York vorstelle.«

Der lange Flur dient als Galerie für moderne Künstler. Zur Zeit malt der berühmte New Yorker Graffiti-Künstler Ramedie, ein Freund des verstorbenen Keith Haring, exklusiv für Esch.

»Wir waren in seiner Loft in der Village und unterhielten uns mit ihm«, erzählt Gaby. »Er kommt mit den meisten Galeristen nicht

Nymme (li.) und Gaby Esch (re.) in der Agentur

aus, weil er extrem militant und völlig unanpassungsfähig ist. Wir haben uns mit ihm auf eine Art Sponsorship geeinigt. Er malt für uns und bekommt dafür seinen Lebensunterhalt bezahlt.«

Der zweite Künstler, der für die Wilhelmina verpflichtet wurde, ist der deutsche Maler Dieter Kobanka. »Wir geben ihm die Möglichkeit, bei uns auszustellen und versuchen, ihm zum Durchbruch zu verhelfen.« Jetzt sind die Eschs gerade auf der Suche nach jungen russischen Künstlern, die sie sponsern würden.

Der frische Wind, der bei Wilhelmina weht, ist den New Yorkern natürlich nicht entgangen. Das exklusive New Yorker Wohnmagazin *Interiors* widmete der Einrichtung der Wilhelmina in dem Artikel *A Model World* als die schönste und exklusivste in New York ganze zwei Seiten. Doch als die Agentur immer wieder in den Klatschspalten der *New York Post* auftauchte, war Dieter Esch sauer. Donald Trump hatte sich angeblich mehrmals mit Models der Agentur eingelassen, die dann in den Klatschspalten auspackten. Esch kündigte daraufhin den Vertrag eines Mädchens: »Wir sind ein seriöses Unternehmen. Bettgeschichten dieser Art geben uns ein negatives Image. Eine solche Art Werbung haben wir nicht nötig.«

Doch brachte es den cleveren Esch auf eine neue Idee. Er beobachtete, daß viele seiner Models mit Sportstars und Größen aus der Popmusikbranche liiert sind und daß einige auch andere Talente haben, wie Filme machen oder Musik. Esch gründete mit einem Freund die *First Global Management Cooperation*, die junge Talente aus Musik, Literatur, Fernsehen und Theater vertritt. Eine Art Rund-um-Sponsering, das die gesamte Karriere eines Mädels umfaßt, einschließlich Ehemann oder Freund.

»Wir haben bereits einige Footballstars und Tennisspielerinnen, die Schriftstellerin Sheila Moore und die Popgruppe *Third World* und *Kool and the Gang* unter Vertrag.«

»Damit haben wir Wilhelmina von der Struktur her verändert und dem Markt des 20. Jahrhunderts angepaßt. Wir legen Wert auf Geschäftsdisziplin und geben den Modellen eine familiäre Atmosphäre und Sicherheit.«

Der Umsatz im ersten Quartal stieg um 25 Prozent auf 50 Millionen Mark, und das zu einer Zeit, wo in Amerika ein Nullwachstum erreicht und die Wirtschaft eher rezessiv ist.

Dieter Esch hat eine neue Chance genutzt. Heute macht er die schönsten Millionen seines Lebens, und in New York fragt keiner mehr »Horst Dieter who?«

MEIN PERSÖNLICHES NEW YORK:

RESTAURANTS:
Frühstück bei Oskar im *Waldorf Astoria* [301 Park Ave / 50th], Lunch in einem der kleinen Restaurants um den Union Square, Diner im *Le Relais* [712 Madison Ave]

CLUBS:
Tatou [151 East 50th], Le Cirque [58 East 65th]

FREIZEIT:
Golf, Fischen, Rudern und Schwimmen

MUSEUM:
Whitney, Guggenheim

EINKAUFEN:
Macht meine Frau bei Bergdorff Goodman oder in der Madison Avenue.

TIPS FÜR BESUCHER:
Keine. Haben meist schon genaue Pläne, die sie aus Deutschland mitbringen.

ANGELIKAs

Film Center:

Das Kino der Zukunft

Sie war eine der ersten Stewardessen, die PAN AM aus Europa verpflichtete. Es war zu einer Zeit, als Fliegen zum größten Luxus gehörte und noch etwas langsamer, aber dafür um einiges eleganter war. Seit dieser Zeit, genau seit 1957, lebt Angelika Saleh in New York.

Die Münchnerin hat trotz der langen Zeit einen zarten Hauch ihres bayerischen Dialektes beibehalten und liebt noch immer ihr Trachtenjankerl. Sonst hat sich aber bei der eleganten Dame der New Yorker Geschäftssinn für neue und lukrative Branchen voll etabliert, von der Münchner Gemütlichkeit ist nicht viel übrig geblieben.

Denn Angelika ist seit einigen Jahren erfolgreich ins Filmgeschäft eingestiegen und besitzt seit drei Jahren einen Kinopalast, wie es ihn in der Art auf der ganzen Welt nicht gibt: das Angelika Film Center in SoHo zeigt Kinofilme für Anspruchsvolle und widerspricht damit der These, daß nur sogenannte Actionthriller die Kassen füllen. Sie braucht weder Karate, noch Schießereien oder rohe Gewalt, um Publikum anzuziehen. Sie zeigt den etwas stilleren, tiefergehenden intellektuellen Film, der zum Mit- und Nachdenken anregt. Eine klare Kampfansage an die brutalen Kassenschlager aus Hollywood. 1984 wurde Angelika zum ersten Mal ins Filmgeschäft involviert und wurde, eher durch einen Zufall, Mitproduzentin des später sogar für den Oscar nominierten Dokumentarfilmes *Streetwise,* das aus 56 Stunden Material zusammengeschnittene Portrait obdachloser Teenager.

Inzwischen hat das Unternehmen *Angelika Films* die Distribution von mehr als 20 Filmen übernommen und an der Peripherie des Galerienviertels SoHo einen erfolgreichen Kinokomplex etabliert. Doch darüber will mir Angelika selbst berichten. Zwischen Interview und vielen anderen Geschäftstreffen versucht Angelika immer mal noch einen Massage- oder Kosmetiktermin einzuschieben. Zumindest ab und zu. Angelika achtet, trotz Streß und sehr viel Arbeit, darauf, immer adrett zu repräsentieren. Das veranlaßte einmal japanische Journalisten dazu, über ihre schönen grünen Augen und über ihre Kosmetik zu schreiben und dabei fast das Kinocenter zu vergessen.

»Dabei ist das Kinocenter eigentlich mein Lebensinhalt und zum Glück auch der meiner Familie«, erklärt Angelika. »Ich bringe am liebsten Familie und Geschäft unter ein Dach.«

So hat sie ihre beiden Töchter als Vizepräsidentinnen eingesetzt und ihren Mann Joseph mit der Suche nach dem idealen Standort für weitere Filmtheater in den USA betreut.

»Ich war durch meine Erziehung und durch mein Elternhaus schon immer sehr kulturinteressiert«, beginnt Angelika zu erzählen. »Mein Vater Ernst Ohl war Kapellmeister am Bayerischen Staatstheater am Gärtnerplatz. Ich war als junges Mädchen ständig am Theater, habe mir dort alle Stücke angeschaut.«

Mit 21 kam sie mit einer Propellermaschine in die Staaten und ließ sich von PAN AM zur Stewardess ausbilden. Ein damals sehr glamouröser Job. Schon kurz darauf lernte sie den irakischen Juden Joseph Saleh kennen. Die beiden wurden sowohl ein Ehepaar, als auch im Laufe der Jahre Geschäftspartner.

»New York hatte mich von Anfang an fasziniert. Dieses atemberaubende Tempo und die pausenlose Hektik zogen mich in den Bann. Ich wollte später hier geschäftlich einsteigen, das war mir immer schon klar«, sagt Angelika.

Doch sie beobachtet die Szene und die Bedürfnisse der Leute lange. Nach ihrer aktiven Zeit als Stewardess besuchte sie deutsche Literaturvorlesungen an der Columbia Universität und organisierte Kunstaustellungen, hauptsächlich peruanische Keramiken und Textilien. Sie interessierte sich für die vom Aussterben bedrohten Indianerkulturen am oberen Amazonas und ging einfach mit offenen Augen durchs Leben. Eines, was ihr immer mehr aufgefallen war und worüber sie entsetzt war, war die Verrohung der Menschen und vor allem Jugendlicher durch Filme.

»Ich war entsetzt über die Filme der letzten zehn Jahre. Sie übertrafen sich an brutaler Aktion ohne Sinn und ohne tiefergehende Dialoge. Sie stellen keinen Anspruch an den Menschen, sondern unterstützen die lethargische Couch- und Potato-Chip-Mentalität«, sagt Angelika.

Die wirkt sich so aus: sich vor den Fernseher oder in den Kinosessel zu knallen, mit einer Tüte Chips oder Popcorn ausgestattet, und sich, ohne auch nur einmal sein Gehirn anstrengen zu müssen, schlechte und brutale Filme reinzuziehen.

Dieses Ärgernis und die Enttäuschung gaben letztendlich Ausschlag für ihre Geschäftsidee.

»Ich wollte eine ganz neue Art von Kino schaffen«, erzählt Angelika, »ein anspruchsvolles Kino mit Filmen guter Qualität, möglichst im Originalton mit Untertitel. Das Kino sollte geschmackvoll eingerichtet sein mit einer großen Lobby als Treffpunkt, in der viele kleine Läden, wie Cafes und Restaurants mit gemütlichen Sitzgelegenheiten zu Diskussionen über den Film oder einfach zum Zusammensitzen vor oder nach dem Kino einladen sollen. Kein Platz für Alkohol, Drogen oder Raufereien. Ich war mir sicher, daß die Leute verrückt nach so etwas sind. Ich glaube, bisher wurde das Publikum einfach unterschätzt. Es gibt viel mehr intelligente Leute, als man denkt.«

So entstand in einem ehemaligen Straßenbahndepot ein sechsstökkiges Filmtheater an der Ecke Houston und Mercer Street in Greenwich Village mit sechs Kinos, in denen 10 bis 12 verschiedene Filme gezeigt werden können. Am Wochenende sogar mit einigen Mitternachtsvorstellungen. Angelikas Film Center dient aber auch als Treffpunkt für Leute, die keinen Film sehen wollen. Die über 100 Quadratmeter große Lobby mit den schönen Kerzenhaltern ist innerhalb kurzer Zeit zum Treffpunkt von Film- und Fernsehleuten geworden. Filmschauspieler Robert de Niro, dessen Restaurant Tribeca Grill in der Nähe ist, schaut oft bei Angelika rein und kauft, wie alle anderen schön brav in der Schlange stehend, sein Kinoticket. Selbst wenn er sich in die Lobby setzt und einen Cappucino trinkt, stören weder Autogrammjäger noch sonst irgendwelche Fans.

»Er könnte bei mir gerne umsonst ins Kino gehen«, sagt Angelika, »doch das will er nicht.« In der Lobby gibt es von mexikanischen Tapas über italienische Pasta, einen Shop mit Health Food (Vegetarische Kost) und Kräutertees – insgesamt sehr europäisch gestaltet.

Angelika Saleh vor ihrem Filmpalast

Angelika hat mit ihrer Idee einen Volltreffer gelandet. Trotz der vielen Kinos in New York mit teilweise bis zu 262 Filmangeboten ist das Filmcenter am Wochenende oft lange vorher ausverkauft. Die jungen Leute sitzen teilweise auf den Treppen vor den Kinos und warten darauf, daß vielleicht doch noch ein Platz frei bleibt.

»Bis vor zehn Jahren wurden durchschnittlich 175 Filme pro Jahr in Amerika hergestellt. Heute sind es über 600, von denen 60 Prozent aus Kostengründen von unabhängigen Filmemachern hergestellt werden«, erklärt Angelikas Ehemann Joseph Saleh, der früher für die CBS und für die Filmfirma Columbia Pictures Direktor der Forschungsabteilung war. »Eine Filmproduktion in einem Studio kostet ungefähr 18 Millionen Dollar pro Film, während ein unabhängig hergestellter Film oft weniger als ein Zehntel kostet. Das heißt aber nicht, daß wir nur Filme unabhängiger Gesellschaften zeigen, sondern Filme, die dem Anspruch unserer Besucher genügen.«

Angelika erzählt, daß einmal einer ihrer Angestellten den Film

Innenansicht Angelikas Filmcenter

Predator eingekauft habe. Der Film zählt zu den wenig gehaltvollen Aktionthrillern. Die Leute haben sich daraufhin reihenweise beschwert und verlangten an der Kinokasse ihr Geld zurück.

»Wir haben damit kein Geld eingenommen«, sagt Angelika. »Doch es war unser schönster Tag. Denn in dem Moment haben wir ganz deutlich verstanden, daß wir uns bereits ein Kinopublikum herangezogen haben, das beim Start unseres Projektes nur in unseren kühnsten Träumen herumgeisterte.«

Inzwischen ist Angelika Films fast in der ganzen Welt bekannt. Sowohl die Japaner als auch die Europäer zeigen Interesse an ähnlichen Projekten in Zusammenarbeit mit Angelika Films in New York. Angelika selbst wird in der Filmwelt geachtet und bejubelt. Wenn sie zum jährlichen Filmfestival nach Cannes reist, klopfen ihr die Filmleute anerkennend auf die Schulter, weil sie der Kinowelt einen neuen Weg für die Zukunft gewiesen hat. Ihr neuestes Projekt, eine Musicalversion von Frank Wedekinds *Lulu*, will Angelika alleine, ohne familiäre Unterstützung angehen: Das Stück, das zur Jahrhundertwende in Berlin spielt, soll in das Schwarzen-Milieu von New York übertragen werden. Genauer gesagt auf die 52. Straße, die Ende der 40er Jahre der Strip war, auf dem der Bebop entstanden ist. »Ich will mit diesem Projekt mein deutsches Erbe mit meiner amerikanischen Erfahrung verschmelzen«, erklärt Angelika.

Regisseur Lee Breuer, der sich mit *Gospels of Colonus* auch in Europa einen Namen gemacht hat, schreibt das Stück gerade um und übernimmt die Inszenierung, Dizzy Gillespie die musikalische Leitung, und Angelika ist die Produzentin. Die Premiere an der Brooklyn Academy of Music soll voraussichtlich im Oktober '93 sein.

MEIN PERSÖNLICHES NEW YORK:

RESTAURANTS:
Box Tree Hotel [250 East 49th St.] ist mein absoluter Geheimtip, der auch nirgendwo zu finden ist. Ich nutze die Vielzahl der Küchen, gehe zum *Kan-Pai* [1482 2nd Ave] japanisch essen, chinesisch bei *Shun Lee* [43 West 65th St], afghanisch im *Pamir* [1437 2nd Ave], indisch im *Bukhara* [148 E 48th St.] und Fisch in *Docks Seafood* [2427 Broadway].

CLUBS:
Jazz im *Blue Note* [131 W. 3rd] und *The Knitting Factory* [47 E. Houston], eine Avantgarde-Kneipe

EINKAUFEN:
Antiquitäten ersteigere ich auf Auktionen bei *Sotheby* [1334 York Ave], *Doyle* [175 E 87th St.] und *Christie's* [502 Park Ave].

GALERIEN:
Artweave [310 Riverside Dr.], eine Galerie für präkolumbianische Kunst, Textilien aus China und Indonesien, traditionellen Hochzeitsschmuck aus New Guinea.

WOCHENENDE:
In unserem Countryhaus bei Woodstock, einem wunderschönen alten Gebäude mit Kirchengewölbe und großem Kaminfeuer, perfekt, um der Alltagshektik New Yorks zu entfliehen.

KINO UND FILM:
Ich gehe auch privat gerne in *Angelikas Filmcenter* [18 W. Houston], sitze beim Cappucino in der Lobby, diskutiere mit Leuten oder sehe mir einen Film an.

LIEBLINGSFILMREGISSEURE:
Wim Wenders, Volker Schlöndorf, Percy Adlon, Martin Scorsese, James Ivory, Jonathan Demme, Shohle Imamaura, Nagisa Oshima

JOHN WERNER KLUGE:

Vom Fleischergesellen
aus Chemnitz
zum reichsten Mann Amerikas

Ich gomme aus Gemnitz«, sächselt er noch heute. John Werner Kluge, ein Sachse aus Chemnitz ist der reichste Mann Amerikas. Auf seinem Konto hat er 5,6 Milliarden Dollar, rechnete das amerikanische Wirtschaftsmagazin *Forbes* aus und plazierte Kluge auf Platz 1 unter den 400 reichsten Familien Amerikas.

Damit steht seit den Tagen von Johann Jakob Astor erstmals wieder ein Deutscher an der Spitze der Liga der Superreichen. Er ist reicher, als die Rockefellers oder die Ölbrüder Hunt aus Texas es jemals waren. So reich, daß er seiner geschiedenen Frau jeden Tag 360000 Mark Abfindung bezahlt. So reich, daß sich sein Vermögen im letzten Jahr um 700 Millionen Mark vermehrte.

Wo er ist, ist das Geld – und es läuft ihm scheinbar immer nach. John Kluge ist ein echter Selfmademan, der bettelarm war, der jeden Pfennig selbst erarbeitet hat. Einer, vor dem die Amerikaner großen Respekt haben. Man hört nichts Negatives über diesen Mann. Sein Name wird mit Ehrfurcht ausgesprochen. Er besitzt Fernseh- und Radiostationen, eine Filmfirma, eine Telefonfirma, spezialisiert auf drahtlose Telefone, eine Computerfirma, eine Restaurantkette, Plakatierungsfirmen und zwei Sportunternehmen. Er besitzt eine ganze Basketballmannschaft, die Harlem Globetrotters, und eine Eisrevue.

Wie wird man so reich in Amerika?

Man erwartet ein edles Büro mit Hunderten von geflissentlich herumlaufenden Angestellten und vermutet den Boß der *Metromedia* – so heißt Kluges private Gesellschaft – nach mehreren Vorzimmern hinter mächtigen Eichentüren, an einem noch mächtigeren Schreibtisch thronend. Doch nichts davon trifft zu. Sein privates Büro ist ein einfacher, bescheidener Laden auf der Ostseite Manhattans. Tür an Tür mit der privaten Fernsehgesellschaft *Fox*, die ihm früher einmal gehörte. Sein Büro ist holzgetäfelt. Er hat nur eine einzige Sekretärin. Fotos von Arbeitskollegen, Freunden und der Familie hängen an der Wand. Der einzige Gegenstand, der alle Mächtigen der Welt vor Neid erblassen ließe, ist seine Telefonanlage: ein Switchboard mit Hunderten von Linien und bunten Knöpfen, in dem die Telefonnummern der Wichtigen und Mächtigen des Landes eingespeichert sind.

Er kennt von Ex-Präsident Bush, über Henry Kissinger bis zu Showgrößen wie Frank Sinatra alles was Rang und Namen hat. John Kluge gehört zu jener seltenen Gruppe erfolgreicher Amerikaner, die nicht über ihren Reichtum sprechen. Obwohl er heute 78 Jahre alt ist, sitzt er noch immer 12 Stunden an seinem Schreibtisch in der Geschäftszentrale in Manhattan.

»Wenn ich einen Rat geben darf«, sagt Kluge in einem hölzern klingenden, sächsischen Deutsch, das nur Auswanderer beibehalten haben, die lange nicht mehr in der Heimat waren. »Machen Sie in Ihrem Leben nur etwas, von dem Sie überzeugt sind und mit Kraft und Enthusiasmus dahinter stehen. Sie empfinden Ihren Job dann nicht als Arbeit. Ich freue mich beispielsweise auf jeden Montag morgen in meinem Leben. Jeder Tag, an dem ich aufstehen und zur Arbeit gehen kann, ist ein glücklicher Tag für mich.«

Dieser Mann, untersetzt, mit Glatze, entschlossenes, energisches Kinn, der Deutsche, der es von allen in Amerika am weitesten gebracht hat, gibt noch zwei Ratschläge: »Verzetteln Sie sich nicht mit Kleinkram, sondern machen Sie nur etwas, das langfristig für Sie eine Bedeutung haben könnte. Bleiben Sie vor allem ehrlich zu sich selbst.« Daraus habe er für sich eine ganz einfache Philosophie entwickelt: »Ich betrachte mich nicht als etwas Besonderes oder als ein Mensch, der etwas Besonderes tut, sondern als einer, der zum Allgemeinwohl beiträgt.«

John Kluge lächelt freundlich, aber bestimmt. Er hat genug erzählt, die anderen Informationen über ihn muß ich mir durch unzählige Telefonate hart erarbeiten, so wie er es auch sein Leben lang gewöhnt war. Er bekam nichts geschenkt und schenkte auch niemanden etwas. Dem Mann im mausgrauen Seidenanzug mit dem bunten Seideneinstecktuch liegt nichts daran, unnötig lange zu philosophieren und über sein Leben nachzudenken. Das kostet Zeit. Und Zeit ist Geld. Er würde auch keine Memoiren schreiben, sagt er beim Hinausgehen. Denn dann müsse er immer »ich« schreiben und das widerstrebe ihm.

Doch wie wird man denn nun reich?

Habe keine Angst vor Änderungen! Nur wer neue Wege geht,

kann besser werden. Diesen Rat hat keiner ernster genommen als John Kluge selbst. Es war zwar Motto und Motiv aller jener, die in den letzten 200 Jahren die alte Welt hinter sich ließen und die seit 100 Jahren jene wuchtige Lady mit der Fackel im New Yorker Hafen zu ihrer Schutzheiligen machten. Doch Kluge ist das beste Beispiel: Auswandererschicksal, Auswandererchance.

Er hieß noch Hans Werner und war sieben Jahre alt, als er 1922 an der Reling eines Ozeandampfers stand und die New Yorker Freiheitsstatue erblickte. Sein Vater war im Ersten Weltkrieg gefallen. Er kam alleine mit seiner Mutter nach Detroit – und wurde John genannt. Es gibt viele Geschichten aus Johns Jugend, die Hinweise auf seinen unglaublichen Geschäftssinn geben könnten. Damals jedoch sind sie aus bitterster Not entstanden. Denn Mutter und Sohn waren bettelarm. Als er mit zehn Jahren nach der Schule bei einem Schlachter arbeitete, gab er einem Kunden aus Versehen einen Dollar zu viel heraus. Der Mann wollte ihn jedoch nicht zurückgeben.

»Jedesmal, wenn er was kaufte, legte ich meinen Daumen auf die Waage, so lange bis ich den Dollar wieder hatte«, erzählt John Kluge.

Er hatte schon als kleiner Junge drei Jobs zur gleichen Zeit. Er arbeitete am Fließband in einer Fabrik, in einer Schlachterei und verkaufte Kaugummi und Zeitungen. Als Wirtschaftsstudent an der berühmten Columbia Universität in New York verdiente er sich seine Dollars am Tage als Schuhverkäufer. Nachts wanderte er durch die Studentenwohnheime und verkaufte spät arbeitenden Kommilitonen Schreibpapier, und er pokerte mit ihnen.

»Ich habe hart gearbeitet«, sagt Kluge. »Ich hatte ein Stipendium bekommen und mußte gute Noten haben, damit es nicht gestrichen wurde. Dennoch liebte ich es, die ganze Nacht hindurch zu pokern.«

Er verlor nie viel Geld, weil er immer rechtzeitig aufhörte und seinen Gewinn zur Seite legte und sparte. Als der Präsident der Universität von seiner Spielleidenschaft erfuhr, drohte er ihn rauszuwerfen. Er mußte versprechen, nicht mehr zu spielen – tat es dann aber heimlich doch. Zum Glück auch für die Universität. Denn Kluge spendete der Universität später über 50 Millionen Mark.

John Werner Kluge vor einem Werbeplakat von Metromedia

»Dank dieser Pokerspiele verließ ich die Universität mit 7000 Dollar. Das wäre heute soviel wert wie 70000 Dollar. Das war doch kein schlechter Uni-Abschluß, oder?« sagt Kluge heute.

Viele erfolgreiche Geschäftsleute sind oft richtige Zocker. Ob sie nun Poker, Bridge oder Blackjack spielen ist gleichgültig. Das Wesen der Spiele, ein systematisches Austangieren des Risikos, des Gewinns und der mathematischen Möglichkeiten, entspricht dem Wesen des Geschäftemachens. Kluge steht zum Poker. Denn Glück spielt sowohl im Kartenspiel als auch im Leben eine große Rolle.

Er gibt ein Beispiel: »Es war wenige Wochen nach meinem Uni-Abschluß. Ich war in Washington und traf einen jungen Mann auf der Straße, der mir von der Möglichkeit erzählte, eine alte Radiostation zu kaufen. Hätte ich diesen Mann nicht getroffen, gäbe es heute wahrscheinlich nicht *Metromedia*. Das nenne ich Glück.«

Kluges kometenhafter Aufstieg begann tatsächlich mit dem Kauf der ersten Radiostation in Silver Spring, aus der er bis 1984 den größten privaten Medienkonzern mit sieben Fernseh- und neun Rundfunkstationen machte. Ein zweiter Glücksfall, wie er es nennt, ereignete sich 1982, wieder in Washington. Ein befreundeter Anwalt gab ihm beim Lunch den Rat, sich in die Telekommunikation einzukaufen. Kluge wußte zu dem Zeitpunkt gar nicht, was das ist. Der Anwalt schickte ihm Informationen über drahtlose Telefone und über Autotelefone. Kluge gefiel die Idee, und er kaufte sich für 300 Millionen Dollar in das Geschäft ein.

»Ich hatte ohne lange darüber nachzudenken, einfach das Gefühl, das ist ein guter Deal. Ich nenne es auch einen natürlichen Instinkt für gute Geschäfte«, sagt Kluge. Zu diesem Zeitpunkt bedeuteten 300 Millionen Dollar natürlich nicht mehr so viel für Kluge – wie damals nach der Uni die 7000 Dollar, mit denen er sich in das Rundfunkgeschäft eingekauft hatte.

Dann kam Kluges größter Deal: mit einem beispiellosen Börsencoup trickste er sich innerhalb von zwei Jahren zum reichsten Mann Amerikas empor, verzehnfachte dabei sein Vermögen. Mit 300 Millionen Dollar hatte er Ende 1983 begonnen, mit drei Milliarden Dollar stieg er 1986 aus der Transaktion aus. Heute hat seine Firma *Metromedia* 66 000 Angestellte und macht mehrere Milliarden Dollar Umsatz im Jahr. Wie viele Milliarden genau, weiß Kluge nicht – oder vielleicht will er es auch nicht sagen. Die Summe, die das Wirtschaftsmagazin *Forbes* ausgerechnet hat, bezog sich nur auf sein Privatvermögen in Cash.

Welches war sein bestes Geschäft?

»Ein Geschäft, an das ich mich immer erinnern werde, es war eines der kleinsten, aber cleversten. Es war in den 50er Jahren. Ich lieh mir 5000 Dollar von der Bank, um eine weitere Radiostation zu kaufen. Ich handelte sie jedoch auf 1000 Dollar herunter und verkaufte die gleiche Station ein Jahr später für eine halbe Million Dollar.«

Warum ist Kluge so erfolgreich?

»Aus Erfolg lernt man gar nichts. Man lernt wirklich nur aus Mißerfolg und Herausforderungen, denen man sich ständig stellen muß«, sagt Kluge. »Ich habe Erfolg, weil ich mich an der Zukunft der Menschen orientiere und immer hervorragende Qualität liefere, egal was ich mache oder was ich herstelle. Zum Erfolg gehört auch ein großes Durchhaltevermögen, die Fähigkeit, Rückschläge einzustecken und in ihnen neue Herausforderungen für sich selbst zu sehen.«

Er erinnert sich an alle seine Investments, ganz gleich, ob sie erfolgreich waren oder nicht. »Das ist doch wie mit Kindern«, sagt er. »Die mag man doch auch alle, obwohl sie ganz unterschiedlich sein können und dich auch manchmal enttäuschen können.«

Seine private Welt, auf die er gerade anspielt, sieht leider weniger rosig aus. Im Grunde genommen ist John Kluge, nach drei gescheiterten Ehen, ein einsamer Mensch. Er hat drei Kinder Joseph, Samantha und den achtjährigen, adoptierten John Junior, der bei seiner letzten Frau Patricia lebt, einer ehemaligen Stripteasetänzerin.

Die Scheidung von Patricia im Sommer 1990 ging als teuerste Scheidung der Welt über die Bühne. Ein trauriger Rekord. Er sagte damals: »Wir werden in der Öffentlichkeit keine schmutzige Wäsche waschen.«

Sie sagte: »Solange er mich versorgt, halte ich den Mund.«

John Kluge zahlt nach der Scheidung jährlich 1,68 Milliarden Mark!

Dabei begann ihre Begegnung wie in dem romantischen Film *Pretty Woman*: Ein Londoner Nacktmodell heiratet aus einem spekkigen Striplokal heraus in das teuerste Anwesen Amerikas ein. Die Traumhochzeit fand 1981 in der ehrwürdigen St. Patrick Church in Manhattan statt. Seiner Frau zuliebe trat der Milliardär vom jüdischen zum katholischen Glauben über. Seiner Frau zuliebe ging in dem damals 67jährigen eine wundersame Wandlung vor.

Der sparsame, überlegte Kluge unterschrieb nicht nur am laufenden Band Schecks für die kostspieligen Träume seiner Gattin. Plötzlich saßen auch seine Anzüge, er kombinierte eine gewagte rote Hose zum schwarzen Sakko. Immer öfter huschte ein zärtliches Lächeln über sein Gesicht, vor allem, wenn Gattin Pat im Büro anrief: »Liebling, wir sollten unser Haus umbauen.« »Welches?« seine Antwort.

Für eine halbe Milliarde Mark errichtete sich das ungleiche Paar ein

Denkmal ihrer Liebe: das 48-Zimmer-Schloß in Charlottesville in Virginia. Die glutäugige Patricia gab Cocktailempfänge zwischen Antiquitäten und Renaissancegemälden, umgeben von illustren Gästen. Selbst der ärmste Gast war noch Millionär.

Pat liebte Golf, also legte Amerikas Golf-Champion Arnold Palmer ihr einen 18 Loch Golf-Platz an. Pat schwärmte für romantische Kutschenfahrten, John baute ihr ein Museum mit über hundert Kutschen. Er ließ ihr eine kleine Privatkapelle im gotischen Stil einrichten, damit sie sonntags nicht so weit zur Kirche fahren mußte. Auch gegen ihr Heimweh nach England wußte Kluge was: 20 Millionen läßt er für ein fürstliches Anwesen in Schottland springen, sechs Millionen für ein schönes Stadthaus in London direkt hinter dem Buckingham Palast. Kluge verwöhnte seine Frau, wie er nur konnte. Nur einen Wunsch konnte er ihr nicht erfüllen. Sie wollte so gern bei der königlichen Familie eingeladen werden und mit Prinz Philip Kutsche fahren. Trotz der Nähe ihrer Häuser auch zum königlichen Schloß in Balmoral in Schottland war das nicht möglich wegen Patricias Vergangenheit in den einschlägigen Sexschuppen.

Wer so viel hat wie die Kluges, zieht auch anderes an. Auf ihren exklusiven Parties tummelten sich illustre Gäste wie Ex-Präsident Bush, Frank Sinatra oder Griechenlands König Konstantin. Auf einer dieser Festgesellschaften stellte der einflußreiche Milliardär seiner Frau einen elegant gekleideten Herrn mit graumelierten Haaren vor: Douglas Wilder.

»Dieser Mann«, sagt Kluge, »hat das Zeug, Amerikas erster farbiger Präsident zu werden.« Patricia war mehr als angetan. Ob es nun an ihrer lockeren Vergangenheit lag, oder ob sie in der Ehe etwas vermißt hat, ist schwer zu sagen.

Kurze Zeit später reicht Kluge die Scheidung ein: »Unüberbrückbare Differenzen« formulieren die Anwälte vornehm den Scheidungsgrund.

Armer reicher Mann, was nun?

Seit der Scheidung hat sich John Kluge vom gesellschaftlichen Leben ganz zurückgezogen. Große Parties waren zwar auch zuvor nicht seine Welt, er hat sie seiner Frau zuliebe gegeben. Heute ist er bei wenigen, guten Freunden zu privaten Dinnerparties eingeladen. Er kümmert sich um seine Farm in Virginia, wo er die teuersten Zuchtbullen der Welt hält und um neue Telefongeschäfte in Osteuropa. Vielleicht auch bald in seiner Heimatstadt Chemnitz. Das wäre wahrscheinlich eine dankbarere Millionenaufgabe, als Märchenprinzessinnen abzufinden.

MEIN PERSÖNLICHES NEW YORK:

John Kluge liebt New York, weil in dieser Stadt jeder die Möglichkeit hat, reich zu werden. Seine Lieblingsplätze und Restaurants darf er aus Sicherheitsgründen nicht verraten. Denn Kluge ist nicht nur der Reichste, sondern auch einer der am meisten gefährdeten Männer der Stadt.

Malerin

MARION

aus Hamburg:

Mit 40 Dollar nach
Amerika –
heute so erfolgreich wie Monet

Galeristen in New York reißen sich um ihre Bilder. In amerikanischen Fernsehstudios ist die Hamburgerin ein willkommener Gast. Im *Who's who* der Kunst steht: Marion Strueken-Bachmann, geboren im Mai 1941 in Hamburg, ist eine in New York lebende, international anerkannte Pastell-Künstlerin.

Wie so oft steht Marion gedankenverloren am Fenster ihrer eleganten Eigentumswohnung im 30. Stock am East River, schaut auf die Stadt zu ihren Füßen und staunt über ihr Leben. Denn es hätte alles ganz anders kommen können. Damals als sie vor 27 Jahren mit 40 Dollar in der Tasche nach New York kam ...

Zuerst war sie Serviermädchen, dann Empfangsdame, sie hangelte sich von Job zu Job, bis sie schließlich aus ihrem Hobby einen Beruf machte. So erfolgreich, daß der edle Kunstführer ihr immerhin eine halbe Seite widmete.

»Marion Strueken-Bachmann, die an der National Academy of Design in New York Kunst studierte, malt im Stil der romantischen Impressionisten und stellt ihre Bilder in den Galerien der Madison und Fifth Avenue in New York, in Hamburg und Paris aus.«

Was der amerikanische Kunstführer als »romantischen Impressionismus« bezeichnet, sind Bilder, die auf einen Kunststil zurückgehen, der vor mehr als hundert Jahren den Beginn der modernen Malerei markierte. Damals war es revolutionär, im Freien und nicht im Atelier zu malen, die Atmosphäre von Alltagsszenen und Natureindrükken wiederzugeben, das Licht und die Farben mit tupfenden Pinselstrichen in den Vordergrund zu rücken.

Einer der berühmtesten Vertreter des romantischen Impressionismus war Claude Monet (1840–1926), das große Vorbild von Marion Strueken-Bachmann. Einige seiner Werke hängen im Metropolitan Museum in New York.

»Ich stehe oft stundenlang davor und bewundere seine einzigartigen Farbkompositionen«, erzählt Marion. »Einmal so berühmt wie er zu werden, davon träume ich natürlich.«

Obwohl Kunstkritiker sie in Fachzeitschriften mit dem großen Meister vergleichen, will es Marion noch nicht so recht glauben.

1962 wanderte Marion mit 40 Dollar in der Tasche nach Kanada aus. Als sie mit einem Greyhound Bus zum ersten Mal nach New York City fuhr, war sie von der Stadt so fasziniert, daß sie alles daran setzen wollte, um dort zu leben.

Nach eineinhalb Jahren Kanada fuhr sie nach Hamburg mit dem Schiff zurück, weil sie es ihrer Mutter versprochen hatte. Doch in Hamburg angekommen, war es schlimmer als je zuvor.

»Ich hatte das Gefühl, mir fällt die Decke auf den Kopf oder jemand drückt mir die Kehle zu. Hamburg war zu klein. Das war nicht mehr meine Welt«, erzählt sie.

Marions Mutter verstand den Freiheitsdrang ihrer Tochter nicht, nur die Oma versuchte, ihr Enkelkind zu unterstützen und sprach schließlich ein Machtwort: »Wir können Marion nicht halten, laß sie in die weite Welt, sie kommt schon wieder zurück.« Die Oma sollte nur teilweise recht behalten. Marion wurde gerade 21 Jahre alt und hatte mit dem amerikanischen Generalkonsulat in Hamburg bereits erfolgreich verhandelt. Es war nicht einfach gewesen, ohne Geld und Bürgen damals ein Visum zu bekommen.

»Als ich endlich den Stempel in meinem Paß hatte, bekam ich Flügel. Eine unbändige Abenteuerlust überkam mich. Ich hatte keine Sekunde Angst vor einer gewiß unsicheren Zukunft.

Zum zweiten Mal kaufte ich ein Ticket für das Schiff, es war die *Bremen*, mit der ich dann bei stürmischer See und drei Meter hohem Wellengang in drei Wochen erneut über den Atlantik nach New York fuhr. Eine Stadt, die seit meiner Kindheit und meinem ersten Besuch von Kanada aus in meinem Kopf herumspukte.«

Marion fing zunächst als Serviererin in einem Fast-Food Kettenrestaurant an. »Ich mußte arbeiten, denn ich hatte ja kein Geld. Es ging von Anfang an gut, wahrscheinlich habe ich lange genug dafür gekämpft, in meine Traumstadt zu kommen und hatte soviel Energie, Trotz und Träume aufgetürmt, daß ich mit jedem Anfang zufrieden war.«

Nach dem Job als Serviererin wurde Marion Sekretärin in einem Architektenbüro, arbeitete dann im Verkauf bei einer Fluggesellschaft und als Empfangsdame und Teilzeitmodell bei einer Schweizer Skimodenfirma. Als die Firma Konkurs anmeldete und ein Teil nach New Jersey umzog, ging sie trotz einer großzügigen Gehaltserhöhung nicht mit.

»Für mich gab es nur Manhattan, New Jersey war damals eine andere Welt.« Marion bezog zwölf Monate lang Arbeitslosengeld und begann, statt sich sofort einen neuen Job zu suchen, ihren großen Traum zu verwirklichen.

»Außer daß es mich unhaltbar nach New York gezogen hatte, wollte ich immer schon malen. Ich hatte bei allen Reisen immer meinen Skizzenblock dabei.

Beide Dinge überstiegen damals die Vorstellungskraft meiner Hamburger Umgebung. In New York war das nun anders. Keiner wunderte sich, als ich zur National Academy of Fine Arts ging und mich für einen Sommerkurs einschrieb.«

So begann ihre Karriere.

»Ich malte wie eine Verrückte, Tag und Nacht. Mein winziges Zimmer war ein Chaos und ein Meer aus Farben und Leinwänden. Ich vergaß Freunde, ich vergaß zu essen, ich war wie besessen«, sagt sie.

An der New Yorker Kunstakademie erkannte man schnell ihr Talent und vermittelte ihr ein Stipendium...

1971 hatte Marion ihre erste Ausstellung und verkaufte ihr erstes Werk, abstrakte Malerei in blau, gelb und orange für 200 Dollar.

»In meiner Ausbildungs- und Lernphase war ich gerne an der Akademie, das Treffen mit anderen Künstlern, der rege intellektuelle Austausch war notwendig, um meine eigene Richtung zu finden«, sagt Marion.

Gemalt hat sie mit Öl, Acrylfarben, Aquarell und Pastell. Nach jahrelanger Erfahrung wurde Pastell ihre große Liebe. Aus dem ursprünglich als Intermezzo geplanten Vorhaben war ihre neue Aufgabe, ihr neues Leben geworden. Marion war sechs Jahre lang Assistentin ihres Professors an der Universität. Dann machte sie sich selbständig und bildete in ihrem Atelier selbst Schüler aus. Um sich finanziell über Wasser halten zu können, fing sie zusätzlich mit Por-

»Spring Splendor« Pastellgemälde von Marion Strueken-Bachmann

trätmalerei an. Ein lukratives Geschäft. Es war damals bei den reichen Leuten in New York in Mode, sich selbst oder die Kinder malen zu lassen.

Eine große Ehrung wurde Marion zuteil, als sie mit zwei Exponaten zu der Ausstellung *American Painters* in Paris eingeladen wurde. Es war damals die wichtigste Ausstellung in Amerika. Marion wurde unter 60 000 Malern in New York ausgesucht. Letztendlich gab ihr diese Ausstellung den Mut, sich nur noch auf ihren Stil in Pastell zu konzentrieren. Stunden und Tage brachte sie im New Yorker Central Park zu, malte in der Nähe des Bootshauses am See Bäume, Blumen und den Park, zu unterschiedlichsten Tages- und Jahreszeiten.

Die ersten Galerien kamen, stellten ihre Bilder aus. Das erste Geld floß. Marion kaufte sich ein Strandhaus in den Sanddünen von Fire Island, dem Naherholungsgebiet der New Yorker. So entstanden die ersten, heute so beliebten Strand- und Dünenlandschaften.

»Ich entwickelte einen wild bewegten Strich, um die dramatische

Atmosphäre der Küstenszenerie mit schaumköpfigen Wellen und grasbewachsenen Dünen einzufangen«, erklärt die Künstlerin. Typisch amerikanische Landschaften findet man bei Marion allerdings wenig. Statt geographischer Fixpunkte konzentriert sich Marion auf farbliche Assoziationen. Blumenstilleben, die eigentlich der Ausgangspunkt der persönlichen Auseinandersetzung mit der Malerei waren, entwickelten sich von naturalistischen Wiedergaben ebenfalls immer mehr zu impressionistischen Bildern. Preise und Auszeichnungen häuften sich. 1985 wurde Marion Strueken-Bachmann in die traditionsreichen und berühmtesten Kunstclubs in New York aufgenommen, den *Salmagundi* und den *National Art Club*. Sie wurde 1976 Mitglied der *Pastell Society* und der *National Association of Women Artist*. Heute ist sie im Vorstand verantwortlich für Kunstausstellungen und wird als Pastellautorität zu Vorlesungen an Universitäten eingeladen und als Preisrichterin zu großen internationalen Ausstellungen hinzugezogen.

Die amerikanische Kunstfachzeitschrift *Art speak* schreibt in der Ausgabe vom September 1991 über die Hamburger Malerin: »Obwohl man Marion Strueken-Bachmanns Pastellbilder mit dem bekannten französischen Impressionisten Claude Monet vergleichen kann, besitzen ihre Werke ihren eigenen, unverkennbar romantischen Malstil, der durch poetische Lyrik gekennzeichnet ist.«

In ihrem kleinen Bild *Springtime* erheben sich zarte rosa Blumen aus einer schattengetüpfelten Waldlichtung. Ein größeres Pastell mit dem gleichen Thema zeigt eine üppige Farbenpracht von rosa und gelben Blumen in grünschattiertes Laubwerk eingebettet. Alle ihre Werke bezeugen ihren eigenen impressionistischen Stil, hervorgehoben durch romantische Interaktion von Farben und charakterisiert durch kurzgeschwungene und getüpfelte Farbstriche.

Die New York Times schreibt anläßlich einer Ausstellung der Galerie *Hastings on Hudson*: »Die Künstlerin holt mit ihren Pastellen die Gärten Japans, Hollands und Deutschlands, wie auch Long Island, New Jersey und Connecticut auf die Leinwand. Marion Strueken-

... vor der Staffelei

Bachmann gelangt in ihren Werken zu einzigartiger Größe, in Blumen- und Gartenbildern, die zwar eine leichte Struktur und Ordnung aufweisen, die dann jedoch von wildwuchernden Pflanzen und explodierenden Farben auf überwältigende Weise gebrochen wird. Der Betrachter ihrer Werke empfindet das als höchsten Genuß. Bei *Into the Garden* wird man von einer Pracht unzähliger blauer Blumen und dunkelgrüner Blätter empfangen, die sich einem Sonnenstrahl entgegenstrecken, im Hintergrund die schwarze Silhouette der Bäume und dahinter ein warmes Sonnenlicht, das die Blätter in ein limonengrünes Licht taucht.«

Solche Anerkennung und solches Lob von den höchsten Organen der beschreibenden Kunst erfährt ein Maler selten zu Lebzeiten. Selten auch wird dem Künstler die Ehre zuteil, ins *Who's who* der Kunst aufgenommen zu werden, und somit schon zu Lebzeiten eine Art Unsterblichkeit zu erlangen.

Die Amerikaner mögen die Landschaftsbilder von Marion. Ihre Feld-Wald-und Wiesenblumen komponiert sie mit bis zu hundert Farbtönen. »Es gibt so viel Elend auf der Welt. Ich will den Menschen eine Freude machen«, erzählt die Wahl-New Yorkerin.

Mit ihren Bildern erfreuen will sie auch die todgeweihten Patienten in einem New Yorker Krankenhaus. Einmal wöchentlich malt und zeichnet sie mit ihnen – um die letzten Tage und Stunden ihres Lebens erträglicher zu gestalten.

Wieviel Kraft und Energie hat es gekostet, in der Kunstmetropole New York, es gibt immerhin 60000 Maler und Tausende von Galerien, Fuß zu fassen? Wie sieht sie selbst ihren Erfolg?

»Für meinen Erfolg gibt es mehrere Gründe. Ich habe, trotz der vielen Maler, wenig Konkurrenz. Einmal durch das Medium Pastell, die meisten Künstler malen in Öl und Aquarell, weil sie es schwierig finden und auch zu gefährlich, mit Pastellen umzugehen. Der Staub der Pastellfarben kann sich sehr leicht in der Lunge absetzen, daher trage ich immer eine Maske und Handschuhe. Zum zweiten auch durch meine Themenwahl und meinen Stil. Die meisten Maler halten sich an den klassischen Stil: Himmel, Vordergrund und Hintergrund. Ich male beispielsweise ein Bild, das von Wildblumen übersät ist. Es gibt keinen Himmel, keinen Hintergrund. In dieser Art male ich viele Blumen, Wälder oder eine Landschaft, ohne die übergeordneten Elemente, in der sie existieren. Ein weiterer ganz wichtiger Punkt ist natürlich der kommerzielle Erfolg. Da ich seit Jahren in Amerikas ältesten und bekanntesten Kunstclubs bin, verschiedenen Galerien angehöre und ständig in Ausstellungen vertreten bin, konnte ich ein großes Klientel aufbauen. Es ist wie mit einer Lawine, wenn der Stein erst mal ins Rollen kommt. Ich habe jedoch selbst viel dazu beigetragen. Man darf sich nicht zu schade sein, von seinem hohen Künstlerroß herabzusteigen und sozusagen auf der Straße seine Werke anzubieten, wie ich es zu Beginn meiner Karriere machte. Ich jobbte nebenbei als Fremdenführerin, brachte Touristen zu den Niagarafällen, nicht ohne jedoch mindestens ein Bild verkauft zu haben. Heute habe ich das nicht mehr nötig. Bevor ich mich hinsetze und ein Bild male, ist es bereits verkauft.«

Ein Strueken-Bachmann kostet heute zwischen 6000 und 10000 Dollar und kann bei ihr selbst oder in einer ihrer drei Galerien gekauft werden (TEL. 212-8614135).

Erfolg in New York zu haben, ist das etwas Besonderes?

Marion Strueken-Bachmann: »Ja, weil es durch die große Konkurrenz das schwierigste Pflaster der Welt ist. Andererseits muß man aber auch ganz klar sehen, daß man in New York alle Chancen dieser Welt hat. Wer sie erkennt und ergreift, wird meist einen größeren Erfolg haben, als in einer anderen Stadt. Denn hier ist alles überdimensional – Glück und Leid, Erfolg und Mißerfolg.«

Was kann eine erfolgreiche Künstlerin einem jungen Kollegen raten?

Marion Strueken-Bachmann: »Sehr viel Geduld haben, sich ein paar gut besohlte Schuhe anziehen und zu Vorstellungsgesprächen von Galerie zu Galerie ziehen, mit den Fotos der Bilder, zwei Originalen und dem Lebenslauf unterm Arm. Besser ist es, zuvor eine telefonische Verabredung zu treffen und nicht enttäuscht zu sein, wenn es Monate dauert.«

MARIONS PERSÖNLICHES NEW YORK:

RESTAURANTS:
Il Monello [1460 2nd Ave], *Rivercafe* [East River/Brooklyn Bridge], *Cote Basque* [5 East 55th], *The Water Club* [East River 30th]

NACHTCLUBS:
Regine (502 Park Ave]

WOCHENENDE IN NEW YORK:
Oper im Lincoln Center, Galerien-Hunting, Theaterbesuche am Broadway, Dinnerparties

MUSEEN:
Metropolitan, Momo (Museum of Modern Art), Frick Collection

LIEBLINGSPLÄTZE:
Bootshaus im Central Park, *Plaza-Hotel*, Carl-Schurz Park

TIPS FÜR BESUCHER:
Circle Line Tour um Manhattan mit dem Schiff, Freiheitsstatue, Greenwich Village

FREIZEIT:
Fischen, Segeln auf Fire Island, Reiten im Central Park, Ski fahren in Vermont, Yoga und Meditation

PLÄNE:
Buch mit Gedichten zu meinen Bildern

JOHN SLADE:

Vom Börsenboten
zum
Multimillionär

Erfolg bedeutet für mich, daß ich glücklich verheiratet bin, daß ich gesund bin und daß ich mich nicht um meine täglichen Ausgaben scheren muß.«

Dabei könnten sich die täglichen Ausgaben von John Slade auf einen Betrag in Millionenhöhe belaufen. Er ist seit 56 Jahren der erfolgreichste deutsche Brooker bei einer der größten Börsenfirmen an der Wallstreet. Er könnte heute beispielsweise einen echten Dali kaufen oder einen echten Miro. Er liebt zwar Kunst über alles, doch hat er auch ein offenes Ohr für viele Probleme der Welt. Als ich, zusammen mit dem Fotografen Michael Garff, ihn im Oktober 1991 in seiner Wohnung an der Park Avenue besuchte, hat er 100000 Mark für die Opfer des Holocausts gespendet und am Tag darauf wollte er für eine halbe Million Mark die Rückführung von 250 jüdischen Zuwanderern aus Rußland in ihre Heimat Israel organisieren.

John Slade, als Hans Schlesinger, am 30. Mai 1908 in Frankfurt geboren, ist nicht nur sehr reich und sehr erfolgreich, sondern hat ein warmes, großes amerikanisches Wohltäter-Herz, das ganz heftig für seine deutsch-jüdische Vergangenheit schlägt.

Als ich John Slade um ein Interview für dieses Buch bat und ihm den Titel nannte, schickte er mir zuerst seinen Lebenslauf. Er wollte, daß ich seine jüdische Herkunft kenne. Doch genau solch einen Gesprächspartner suchte ich. Ich wollte mit einem Juden sprechen, der bedingt durch den Krieg und durch die Verfolgung durch die Nazis von Deutschland nach Amerika auswanderte und in New York sein Glück machte – stellvertretend für viele Juden, die ähnlich erfolgreich sind. Denn dieser Mann gehörte für mich zu einer der schillerndsten Persönlichkeiten, die New York zu bieten hat. John Slade ist nicht nur in der gesamten Bankbranche weltweit bekannt, sondern auch die große Vaterfigur der jungen Banker – jeder zweite deutsche Banker – der heute im obersten Management seiner Bank in Deutschland sitzt – hat bei John Slade gelernt oder aber in seiner Brookerfirma *Bear and Stearns* an der Wallstreet ein Praktikum gemacht. Als wir im strömenden New Yorker Regen – es goß aus Kübeln – leicht verspätet, weil wir keinen Parkplatz fanden und die schönste Rose von

Manhattan suchten, um sie seiner Frau mitzubringen, schließlich tropfnaß im Foyer des eleganten Wohnhauses an der Park Avenue vorsprachen, lächelte uns der Doorman in seiner eleganten Uniform, die von Gianni Versace stammen könnte, verständnisvoll zu und meldete uns an. Ein Diener mit weißen Handschuhen öffnet die Tür und nimmt die Garderobe ab.

John Slade bat uns im vorab, die Zeit von 60 Minuten, die er uns gewährte, möglichst einzuhalten. Der 83jährige Mann ist nach wie vor voll im Geschäft; er steht um sechs Uhr morgens auf und geht nie vor Mitternacht zu Bett.

John Slade, gefolgt von seiner französischen Batillon-Hündin, die auf den Namen Schleo von Schlesinger hört, führt uns in seinen phantastisch eingerichteten Salon. Zwischen schönen, alten Antiquitäten hängen echte Gemälde, wie der »Clown« des französischen Malers Guillermo Roux.

»Ach wissen Sie, New York ist nicht so schrecklich, wie es oft dargestellt wird«, sagt John Slade auf meine erschrockene Frage nach der Sicherheit der wertvollen Gemälde. »Ich wohne natürlich in einem high security building, das heißt, wir sind hier wirklich äußerst gut bewacht. Ich vertraue unserem Dienstpersonal hundertprozentig. Niemand wird das Gebäude betreten, ohne angemeldet und überprüft worden zu sein.«

Der Multimillionär setzt sich in einen bequemen Sessel vor der Kaminwand mit dem echten Roux, seine Ehefrau nimmt ihm gegenüber Platz, Schleo kuscht zu seinen Füßen. Heute morgen kam eine Einladung zum Brunch mit New Yorks Bürgermeister Mayor Dinkins. Letzte Woche war John Slade mit seiner Frau bei Verleger Rupert Murdoch eingeladen, davor bei dem inzwischen unter rätselhaften Umständen ums Leben gekommenen Medienfürsten Maxwell. Fast täglich flattert eines dieser eleganten weißen Kuverts ins Haus, manchmal auch mit einer Einladung ins Weiße Haus.

John Slade hat es weit gebracht in seinem Leben – er gehört zu den oberen Zehntausend der Stadt –, ohne jedoch diejenigen, die ganz unten sind, zu vergessen.

John Slade stammt aus einer Immobilienmaklerfamilie in Frankfurt. Eine Branche, die in Deutschland damals neu war. Er arbeitete nach dem Abitur zunächst in Berlin, dann in Frankfurt für die hauseigene Firma *Israel Schmidt und Söhne*.

»Zwei herausragende Ereignisse prägten meine frühe Jugend in Frankfurt«, sagt er. »Ich gewann zwei Preise in der Schule und wurde ein berühmter Sportstar. Zuerst spielte ich Hockey für den Sports Club Frankfurt, später für Bronsbury London, Stade Francais in Paris und Rot Weiß Berlin. Ich wollte unbedingt zur Olympiade – doch es kam leider anders. Als ich 27 Jahre alt war, flog ich aus dem Hockeyteam, weil ich jüdischer Herkunft war.«

Er gründete zusammen mit einem Freund sofort einen rein jüdischen Hockeyclub, doch als sie eines Sonnabends von einem Auswärtsspiel nach Frankfurt zurückfuhren, hörten sie im Radio, daß jeder Jude, der ein christliches Mädchen küsse, sofort eingesperrt würde.

»Ich sagte zu meinen Freunden, ›jetzt müssen wir verschwinden, denn jeder kann dich denunzieren‹.« Er beschloß, nach New York zu gehen und sich dort nach Möglichkeiten umzusehen, um seine Familie später nachzuholen.

Als Hans Schlesinger am 25. März 1936 in New York ankam, war er gerade 28 Jahre alt. Er hatte schon in den ersten Tagen Glück, eine Arbeit als Bote bei der damals völlig unbekannten Börsenfirma *Bear and Stearns* an der Wallstreet zu bekommen.

»Als sie mich fragten, was ich verdienen wollte, sagte ich 15 Dollar die Woche. Warum so wenig? Ich erklärte, wenn ich mehr verlange und meinen Job nicht wert bin, werden sie mich rauswerfen. Wenn ich aber gut bin, werden sie doch mit Sicherheit mein Gehalt erhöhen.

Ich habe damals gleich begriffen, daß ich Provisionen machen mußte, Kunden herbeischaffen, um mich ernähren zu können. So ging ich zu den ankommenden großen Schiffen aus Übersee und besorgte mir die Namen der Passagiere. Viele waren dabei, die ich aus meiner Zeit als Immobilienhändler in Frankfurt kannte. Ich ging zu den Leuten und machte sie mit der Firma vertraut, denn viele von ihnen hatten Geld in der Schweiz, das sie anlegen wollten. So hatte ich langsam die ersten Erfolge. Dann kam das Weihnachtsfest 1936. Meine Firma gab für die 50 Angestellten eine Party. Ich tanzte mit den Frauen meiner Partner, war charmant und höflich. Prompt traf auch ein, worauf ich spekuliert hatte. Ich wurde von den Frauen eingeladen, lernte ihre Männer kennen und bekam bessere Jobs. Diese Taktik wollte ich später umgekehrt anwenden. Jeder, der meine Frau zum Tanz aufforderte, sollte befördert werden. Doch keiner hatte den Mut.«

John Slade stieg in der Firma sehr schnell auf und wurde vom Läufer zum Chef der Arbitrage, bevor er die Auslandsabteilung für seine Firma aufbaute – eine Aufgabe, die ihn fast sein gesamtes Leben beschäftigen sollte. Slade konnte zu Beginn des Krieges seine Familie nach New York holen. 1940 – als die antideutsche Stimmung immer größer wurde – befahl ihm einer der Firmenchefs, seinen Namen zu ändern. So wurde aus Hans Schlesinger John Slade.

»Es war ein komisches Gefühl, plötzlich meine Herkunft zu verschweigen und meinen Namen zu ändern«, erklärt John Slade.

Später meldete ich mich freiwillig zum Militär und wurde als amerikanischer Soldat in Europa eingesetzt. So kam ich gegen Kriegsende beispielsweise nach Frankfurt. Ich führte meine Soldaten zu meinem Geburtshaus, um dort zu übernachten. Doch das Haus in der Beethovenstraße 47 war belegt, lediglich das Dienstbotenzimmer, in dem ich dann schlief, war frei. Ich wurde in den Süden Deutschlands geschickt und hob mit meinen Soldaten eine Burg aus, in der sich über 100 Nazis auf der Flucht verschanzt hatten. Ich wurde dann auch mit den Verhören der Nazis in den Nachkriegstagen in Deutschland beauftragt und dachte oft über die seltsamen Wege des Schicksals nach.

Zwei meiner schönsten Ereignisse aus der Nachkriegszeit, an die ich mich am liebsten erinnere: 1948 wurde ich als Torwart für die amerikanische Feldhockey-Nationalmannschaft aufgestellt und durfte bei der Olympiade im Wembley Stadion in London einmarschieren. Das war ein erhebendes Gefühl. Ich hatte es als deutscher Flüchtling geschafft, amerikanischer Staatsbürger zu werden und an der Olympiade teilzunehmen. Wenigstens einmal in meinem Leben, nachdem es mir versagt war, für Deutschland vor dem Krieg zu spielen. Ein zweites wunderschönes Ereignis in meinem Leben war die Hochzeit mit meiner dritten Frau Marianne an Bord einer Concorde.

Zuerst muß ich erzählen, wie ich sie kennenlernte. Ich war verwitwet und ging Ski fahren nach St. Moritz. Im Zug freundete ich mich mit einem ungarischen Ehepaar an, das mir von ihrem Schwager erzählte, der gerade in New York verstorben sei. Die Schwester der Dame – Marianne – hübsch und charmant, lebte jetzt alleine. Ich wollte sie kennenlernen, stieß jedoch zuerst nur auf Abweisung. »Madame ist für niemanden zu sprechen«, erklärte mir ihr Türvorsteher. Aber es war auch mit Marianne wie mit vielen Dingen in meinem Leben. Wenn man sie unbedingt will, dann findet man auch einen Weg. 1977 heirateten wir an Bord der Concorde – es war die erste Hochzeit dieser Art.« Die Concorde flog damals nur nach Washington. »Es war eine schnelle Hochzeit, aber eine sehr schöne«, sagt Marianne heute. Auch sie kam als Flüchtling nach New York und fand in der Stadt ihre neue Heimat. »Unsere Ehe ist so phantastisch«, schwärmt John, »daß ich die Tage zähle, seit wir verheiratet sind. Heute sind es 5150 Tage.«

Wieder kommt der Diener in Uniform mit weißen Handschuhen und serviert auf einem Silbertablett herrlich duftendes, frisch aus dem Backofen kommendes Käse-Blätterteiggebäck. John Slade folgt meinem Blick über die dicken Teppiche, zu den schönen Gemälden und Möbeln. Eine Ruhe und Harmonie strahlt diese Wohnung aus, die nichts mit dem Luxus oder den teuren Einrichtungsgegenständen zu tun hat, sondern mit der inneren Verbundenheit dieser beiden Menschen und ihren gemeinsamen Erlebnissen, die sie mir gerade schildern. Auch ihre Erinnerung wurde dadurch angeregt...

»Leben ist für mich 80 Prozent Glück, 10 Prozent harte Arbeit und 10 Prozent Intelligenz und Wissen«, erklärt John Slade. Ich würde es

John Slade, seine Frau und Christel Vollmer im Gespräch zu Hause

zu gerne glauben und bin gierig darauf, seine berufliche Karriere weiter aufzusaugen. Ich denke dabei an die übervollen Buchregale in amerikanischen Buchhandlungen mit den sogenannten SELF-MADE-Büchern. »How to do this and how to do that« – doch ein Buch mit dem Titel *Wie werde ich ein Millionär?* habe ich bisher noch nicht gesehen. *Wie angle ich mir einen Millionär* – gibt es dagegen in hundert Versionen.

John Slades Geldkarriere begann mit dem Aufbau einer Auslandsabteilung für *Bear and Stearns.* »Ich lief mit meiner Idee offene Türen ein, denn ins Auslandsgeschäft einsteigen wollte die Firma schon lange. Die Familie Bear heißt eigentlich Bär und wanderte im 19. Jahrhundert aus dem Schwarzwald nach Amerika aus, daher waren die Inhaber natürlich erpicht darauf, in Europa Fuß zu fassen. Es waren an der Wallstreet zu Beginn übrigens 20 deutsche Firmen, doch davon haben nur zwei überlebt – und bei einer der Firmen anzufangen, die überlebt hat, bezeichne ich für mich als Glück.«

Zu Beginn gestaltete sich der Aufbau einer Auslandsabteilung schwierig, denn alle Länder – bis auf die Schweiz – hatten damals noch Währungseinfuhrbestimmungen. Doch ich hatte eine gute Idee, um das Geschäft anzukurbeln: Ich machte einen Aufruf an die größten Banken in Europa, daß sie doch ihre jungen Leute für eine gewisse Zeit als Trainees zu uns an die Wallstreet schicken sollten, um Sprache und den Beruf zu lernen.

Einer meiner ersten Trainees war Rudolf von Ribbentrop, der Sohn von Hitlers Außenminister. Er bat mich 1951 in Zürich um den Job. Ich überschlief die Sache und entschloß mich, ihn nicht für die Fehler seines Vaters verantwortlich zu machen. Denn als sein Vater gehängt wurde, war Rudolf zwei Jahre alt. Er wurde hier in New York Chef der Deutschen Bank, ging dann nach Frankfurt zurück. Ich schrieb ihm einen Brief: ›Herzlichen Glückwunsch zu Ihrer Beförderung. Sie und ich hatten – aus ganz unterschiedlichen Motiven – große Schwierigkeiten im Leben, doch wir wurden beide erfolgreich.‹

Ich hatte in den ersten Jahren insgesamt 700 Trainees, zwei davon heirateten meine beiden Töchter, allein 20 waren von der Dresdner Bank. Die meisten meiner Trainees haben heute sehr einflußreiche Posten oder haben sogar eigene Banken, so daß wir uns ein phantastisches Netz an Kontakten in aller Welt schaffen konnten.

Die Firma wuchs unablässig, und wir haben uns heute von 50 Angestellten auf 5600 hochgearbeitet und erzielen einen Umsatz von einer Milliarde Mark. Ich bin heute der Seniordirektor im Management, stehe jeden Morgen um sechs Uhr auf und beginne den Tag mit den Business Frühnachrichten und strample dabei eine halbe Stunde auf dem Trimm-Fahrrad. Ich schreibe jeden Tag einen Börsenbrief über 30 Seiten, der von circa 20000 Leuten gelesen wird.«

In dem Börsenbrief, der am Tage unseres Besuches herauskam, legt John Slade gegensätzlich zu vielen Wallstreet-Börsengurus ein positives Zukunftsbild dar: New York, sagt er, wird allen Unkenrufen zum Trotze nicht eine Talfahrt zur Hölle antreten. Die Wirtschaftslage im Big Apple wird sich wieder stabilisieren und man wird New York sogar als Vorbild nehmen für alle anderen Städte in Amerika, die sich auf einer ähnlichen Talfahrt befinden. New York wird von einer neuen Einwandererschwemme profitieren, die aus der Dritten Welt und aus allen ehemaligen kommunistischen Ländern kommen wird. Diese Menschen werden unternehmerischen Erfindungsgeist entwickeln und so die Stadt mit aus der wirtschaftlichen Flaute ziehen helfen. New York hatte durch die unvergleichbar multinationale Struktur immer ganz eigene Probleme. Die Paten der Mafia beherrschen den Untergrund der Stadt, es gab immer Kriminalität und Rassenprobleme – doch das ist noch lange kein Grund, die Stadt totzuschreiben. Das einzige, was sich wirklich sehr zum Nachteil verändert hat, ist, daß die Regierung in Washington ihre großzügigen Staatshilfen nicht mehr an die Stadt bezahlen kann. New York wird sich daher selbst helfen müssen, aber er sei sehr zuversichtlich, daß dies möglich sein wird.

»New York hat mich von Anfang an fasziniert und gereizt«, erklärt John Slade. »Ich kam hierher wie die meisten anderen, als Immigrant ohne Geld. Wir alle haben mit Nichts angefangen und Karriere gemacht. Diese Freiheit ist doch etwas Großartiges. Jeder bekommt seine Chance im Leben – das gibt es eben nur in New York. Ich erzähle gerne weiter, wie das in dieser Stadt funktioniert. Ich hatte also Erfolg in meinem Beruf, das Geld stellte sich dann wie selbstverständlich ein – hinzu kommt, man wird in New York nach Leistung bezahlt. Einen Großteil meines Geldes steckte ich in Wohltätigkeitsveranstaltungen. Ich versuche Menschen zu helfen, wo immer es auch geht. Das ist mein christlicher Auftrag an die Menschheit. Zum Glück denken viele reiche Leute in Amerika ähnlich. Die Folgeerscheinungen dieser Stiftungen waren Einladungen zu sogenannten Charitys (Wohltätigkeitsbällen).

Wir waren vor kurzem im Weißen Haus zum Diner eingeladen. Es war ein offenes Buffet, ohne feste Sitzordnung. Barbara Bush nahm sich einen Teller vom Buffet und steuerte auf mich zu und setzte sich neben mich. Wir unterhielten uns dann eineinhalb Stunden sehr angeregt und wurden gute Freunde. Das eben gibt es ebenfalls nur in diesem Lande«, erzählt John Slade.

So hat das Ehepaar viele Leute kennengelernt – von Henry Kissinger bis Elizabeth Taylor. »Ich liebe New York, weil man die Möglichkeit hat, jeden zu treffen und weil jeder hierher kommt«, erklärt John Slade. Seine Frau Marianne präzisiert: »Man muß schon Erfolg haben in New York oder etwas ganz Besonderes, etwas Außergewöhnliches machen, um diese Leute zu treffen.«

Am 9. Oktober 1990 wurde John Slade dann die größte Ehre seines Lebens zuteil: Er bekam von Bundespräsident Richard von Weizsäcker das Bundesverdienstkreuz Erster Klasse überreicht. Es war eine Anerkennung für seine besonderen Verdienste im Rahmen der deutsch-jüdischen Freundschaft und ein Dank für seine fairen Verhöre, die er im Auftrag der amerikanischen Regierung mit den Nazis nach Kriegsende führte. »Ich liebe meine Arbeit im Vorstand der Internationalen Abteilung unserer Firma«, sagt John Slade.

»Es ist mein 56. Jahr bei *Bear and Stearns.* Die Wallstreet hatte zwar unter dem Oktobercrash 1987 sehr gelitten, doch unsere Firma wuchs unaufhörlich weiter. Bald werden wir ein Büro in Frankfurt aufmachen. Ich werde es mir natürlich nicht nehmen lassen, das Büro in meiner Heimatstadt feierlich zu eröffnen. Ich bin inzwischen Ehrenmitglied im Verwaltungsrat unserer Firma und Direktor Emeritus. Gott schütze Amerika.«

SEIN PERSÖNLICHES NEW YORK:

RESTAURANTS:
Polo im *Plaza-Hotel, Harmonie Club*

WOCHENENDE:
Golf spielen in unserem Haus in Easthampton oder ein Spaziergang durch den Central Park

GEBÄUDE:
Chrysler Building, Museum of Modern Art

LITERATUR:
Bücher, über das Schicksal von Deutschland und den Juden

INTERESSEN:
Gemälde sammeln

MARKUS NISPEL

aus Frankfurt:

New Yorks neuer Videokönig

Er sieht blaß und übernächtigt aus, ist leicht erkältet, vielleicht ist es der derzeit in New York grassierende Grippevirus, vielleicht aber auch sein Immunsystem, das kollapst. Markus Nispel (28) arbeitet seit einem Jahr nonstop, Tag und Nacht. Zwei Wochenenden hat er in zwölf Monaten frei gemacht. Aber nur, weil seine farbige Ehefrau Dyanne, seit einem Jahr mit dem Deutschen verheiratet, Alarm geschlagen hat.

Wir treffen uns an einem Sonntagnachmittag in seinem Büro, einer tausend Quadratmeter großen Etage in einem ehemaligen Fabrikgebäude, im 17. Stock direkt am Hudson River. Markus hat den ganzen Stock gemietet, ihn weiß gepinselt, ein paar Schreibtische in den Riesenraum gestellt. Heute sieht es spartanisch darin aus, weil lediglich Markus und zwei seiner Assistenten arbeiten.

Morgen wird es wieder ein hektisches Durcheinander geben, Kameras und Scheinwerfer werden hin- und hergetragen, die Telefone werden nicht stillstehen, ein Sprachenmix aus Englisch, Spanisch und Deutsch wird die 25köpfige Crew zur Höchstleistung puschen.

»Wir arbeiten derzeit an sechs Musikvideoproduktionen gleichzeitig«, sagt Markus. »Ich nutze den heutigen Tag, um zu schneiden und neue Ideen zu entwickeln. Die Woche ist einfach zu kurz und zu hektisch, um neben Casting, Drehen, Interviews und Terminen auch noch zu schneiden.«

Markus aus Frankfurt ist New Yorks neuer Videokönig oder »The German Wunderkind« der Filmindustrie, wie ihn die amerikanische Presse feiert. Er hat in einem Jahr so viele Auszeichnungen bekommen, vom MTV Music Video Award bis zum Silbernen Löwen von Cannes, wie noch keiner vor ihm in dieser Branche. Seine Kunden sind Joe Jackson, Aretha Franklin, Ashford und Simpson, C&C Music Factory, Sheila E., Curtis Mayfield und Mariah Carey. Er macht Werbekampagnen für Coca Cola, Guess und viele andere.

Zusammen mit einer Partnerin hat Nispel die Video- und Werbefilmproduktionsfirma *Portfolio* gegründet. »Der Laden boomt«, sagt Markus. »Im letzten Jahr hatten wir sechs Millionen Dollar Umsatz, in diesem Jahr haben wir die gleiche Summe schon in den ersten drei

Monaten umgesetzt. Ich hab natürlich keine Ahnung, wie es nächstes Jahr um diese Zeit aussieht, aber die Videobranche ist auch in Zukunft sehr erfolgversprechend.« Immer mehr Stars machen lieber Videos, als auf Konzerttournee zu gehen. Videos ziehen außerdem Werbung nach. Ein Video ist ein internationales Vehikel, das in der ganzen Welt gesehen wird.

»Ich machte beispielsweise ein Video für C&C Music Factory, mit dem ich gerade mal so über die Runden kam. Danach kam Coca Cola, und ich verdiente an der neuen Werbung für den Sommer 'ne Million Dollar.«

Nispel, ein langer, schlaksiger Kerl mit einem aufmerksamen, wachen Blick, ist ein hochsensibler Kreativer mit einem ausgeprägten Hang zum Perfektionismus. Seine Eltern kommen aus der Werbebranche. Markus jobbte schon mit 15 in einer kleinen Werbeagentur, konnte nur mit Mühe überzeugt werden, wieder in die Schule zu gehen. »Ich hatte wohl von Anfang an in dem Business Feuer gefangen«, sagt er. Mit 16 war er bereits Art Direktor bei *Young and Rubicam* (Y&R), der größten Werbefirma in Deutschland. Mit 17 gewann er die ersten Auszeichnungen für seine Commercials. Mit 20 bekam er das begehrte Fulbright-Stipendium und ging nach New York, um am New York Institute of Technology Computergraphik zu studieren.

»Ich wollte nach Amerika, weil alle schönen Videos und Werbeaufnahmen dort produziert wurden. In Deutschland gelangen viele große Ideen nicht zur Ausführung, weil die Firmen nicht über das hohe Produktionsbudget verfügen. Heute lache ich, wenn meine amerikanischen Freunde ein schönes Commercial von mir im Fernsehen sehen und sagen: ›Sieht das nicht sehr europäisch aus?‹ Ich versuche natürlich, meinen europäischen Einfluß in die Videos zu bringen und den Leuten gefällt es. Doch im Grunde genommen tritt Europa in die Fußstapfen der Amerikaner.«

Eigentlich wollte der ehemalige Designstudent Werbezeichner werden. Er bewarb sich in vielen Werbeagenturen an der feinen Madison Avenue in New York. Markus war in eine schwierige Zeit geraten, die großen Werber entließen ihre Mitarbeiter gerade reihenweise. 1984 begann in der Werbebranche eine Rezession, die bis heute angehalten hat. Zuerst zeichnete er Kinoplakate für Kunden aus Hollywood aus und machte Vorschläge zu *Dirty Dancing*, *Alien* und *Star Treck IV*. Die Entwürfe erregten in Hollywood Aufsehen, und man wollte wissen, wer dahinter steckt, und lud Markus ein.

Er lernte die berühmtesten Regisseure kennen, wie Francis Ford Coppola, Brian de Palma und Steven Spielberg, und entwarf die Logos für *The Untouchables* oder *Gardens of Stone*.

»Eine interessante Erfahrung«, erläutert Markus, »aber auf die Dauer frustrierend. Es stehen dir zwar Millionenbeträge zur Verfügung, und ich steckte meine ganze Energie in die Projekte. Doch am Schluß muß man es wieder ändern, weil es dem Regisseur so nicht gefällt.«

Er ging wieder zurück nach New York und bekam diesmal an der Madison Avenue, der berühmten Straße nicht nur für die schönsten Geschäfte, sondern auch für die größten Werbeagenturen, eine Chance bei *Young and Rubicam* als Art Director zu beginnen.

»Mein erster Werbeetat war für Chiquita Bananen«, erinnert sich Markus. »Zu Beginn eine ziemliche Umstellung, denn ich war es aus Deutschland gewohnt, die Produktkampagne vom Design bis zur Produktion zu begleiten. In Amerika dagegen arbeiten viele Leute am gleichen Auftrag, so daß ich mir vorkam wie in einer Schlange an der Kinokasse«, schildert er. Er wechselte zu einer anderen Agentur, mehr oder weniger durch einen glücklichen Zufall.

Markus wollte zu einem Vortrag in den Art Directors Club. Steve Frankfurt – der erfolgreichste Mann der amerikanischen Werbegeschichte – sollte sprechen. »Schon in meiner Jugendzeit war Steve Frankfurt mein ganz großes Idol. Ich war richtig aufgeregt, ihn zu sehen.«

Markus stand am Fenster des Clubs, starrte auf die Silhouette Manhattans, betrachtete die tollen Penthäuser und sagte so still vor sich hin: »Das ist der amerikanische Traum.« Plötzlich bemerkte er einen Mann neben sich. »Ich würde gerne dort oben einziehen, in das

Szenenfoto Markus: Candelabra, © Markus Nispel

Penthouse mit dem Swimmingpool«, sagte der Unbekannte. Markus antwortete: »OK. Dann laß es uns teilen.«

»Ich weiß nicht mehr genau, was in mich gefahren war. Ich lebte damals in einem häßlichen Appartement in Brooklyn und konnte mir nicht vorstellen, ein großes Penthouse alleine zu bewohnen, daher kam wohl meine Idee vom Teilen. Der Mann fragte mich, was ich in New York mache und woher ich komme«, erzählt Markus. »Als ich sagte aus Frankfurt, antwortete er, das sei lustig, denn sein Name sei Frankfurt.«

Markus war total verblüfft, auf diese Art sein Idol, den Mann, den er verehrte, kennengelernt zu haben. Ein paar Tage später bekam Markus einen Anruf aus dem Büro Frankfurt und man fragte ihn, ob er für die Agentur arbeiten wolle. Das war eine interessante Aufgabe.

»Ich machte Filmtitel und Filmplakate und zum ersten Mal Musikvideos«, berichtet Markus. Sein Filmdebüt war ein Video mit Ashford and Simpson für *I'll be there for you*.

»Obwohl ich nicht wußte, wie man eine Kamera bedient, brachte ich den Dreh irgendwie heil über die Bühne, und wir begossen ihn mit Champagner«, erzählt Markus. Der Song plazierte sich unter den Top 10 in den US-Charts, das Video wurde monatelang auf MTV gespielt. Der Sender strahlte ein weltweites Interview mit Markus aus und zeigte seine Arbeit. Plötzlich kamen Anrufe aus aller Welt, nicht nur Freunde, die ihn beglückwünschten, samt Eltern in Frankfurt und Nachbarn, sondern von allen möglichen Musikern, die mit dem kreativen Kopf zusammenarbeiten wollten. Markus verließ Greenberg und machte seine eigene Firma *Portfolio* auf.

»Eine junge Firma mit Leuten im Durchschnitt von 25 Jahren schwebte mir vor. Ich wollte nicht den Boss spielen, sondern ich wollte die Leute zu Sklaven der Kreativität machen und mich höchstens als eine Art Qualitätsprüfer einschalten.«

Sie produzierten zwei Videos für Joe Jackson, für Aretha Franklin das Video zum Song *Everydays People* mit Starmodell Naomi Campbell. »Joe Jackson war immer gut drauf und einfach zu handhaben. Aretha dagegen konnte es gar nicht fassen, daß man drei Tage an einem vier Minuten langen Video arbeitet«, sagt Markus.

Sein ganzer Stolz jedoch sind die drei Videos von C&C Music Factory. Er hat der Gruppe ein Image verpaßt, das sie von anderen Rapbands in New York unterscheidet. Für *Gonna make you sweat* verlieh ihm der Musikkanal MTV gleich zwei Video Awards. Markus' Terminkalender ist randvoll, zunächst kommt die Rapgruppe *Color me bad*, dann die Sängerin Mariah Cary, für die Nispel zum ersten Mal ein Konzertvideo machte, von dem sie vollauf begeistert war. Auf seiner Wunschliste stehen Madonna und Michael Jackson.

Markus' Videos werden zwar bereits mit den Videos der beiden verglichen, was die Perfektion und die Tricks anbelangt, doch haben Madonna und Jackson ein Budget von sechs Millionen Dollar, während Nispels Firma *Portfolio* mit einem Budget von 100 000 bis einer Million Dollar pro Video auskommt. »Ich glaube an meine Zukunft hier in New York«, sagt Markus. »Die Musiker mögen den Stil-Mix der Europäer. Im Gegensatz zu den Amerikanern hat unsere Kultur und Tradition einen Einfluß auf uns. Hier orientieren sich die Menschen in ihrem Denken und in ihrer Sprache nur an Personen aus dem Showbusiness. Da ich aber als Jugendlicher schon die ganzen Helden aus amerikanischen Comics, Soap Operas und Kinofilmen kannte, kann ich meinen Background mit dem der Amerikaner vermischen. Damit scheine ich hier gut anzukommen. Es gibt zwar viele Videoproduzenten in Amerika, doch wenig erfolgreiche Videos.«

In Deutschland dagegen ist noch kein Markt dafür vorhanden. In Deutschland werden im Vergleich vielleicht vier Videos pro Jahr produziert, während allein die Firma *Portfolio* sechs Videos in wenigen Wochen herstellt. Für Markus ist es sowieso klar, daß er in New York bleiben will. Er braucht die Spannung und die Energie der Stadt, um produktiv zu sein und die Internationalität der Leute.

»Wir haben in der Firma alle Nationalitäten, darunter zwei Amerikaner. Einige City Kids haben wir buchstäblich von der Straße geholt und ihnen bei uns eine Chance gegeben. Die haben sich phantastisch entwickelt. Einer meiner Assistenten kommt aus der Bronx, er hat als Laufbursche angefangen und ist mit in die Firma reingewachsen. Von seinem ersten Lohn hatte er sich Zähne gekauft, die gingen wohl irgendwann bei einer Schlägerei drauf, und er hatte nie Geld, sie zu ersetzen. Er hat sich so phantastisch entwickelt, daß er eine eigene Show im Kabelfernsehen bekommen hat.

Daß aus unserem Laden oder auch aus mir so viele Kreative herauswachsen, erfüllt mich mit Stolz. Das ist für mich Erfolg, der zählt.«

MEIN PERSÖNLICHES NEW YORK:

Seit einem Jahr bewege ich mich zwischen meiner Wohnung in der 25. Straße auf der Westseite und meinem Büro auf der 26. Straße hin und her. Ich esse Fast Food vom Chinesen oder vom Japaner, das ich mir ins Büro bestelle. Ich lebe immer in extremen Phasen, zur Zeit in einer extremen Arbeitsphase. Früher habe ich ein Jahr lang in New York nur abgefeiert, bin durch ganz Amerika gereist. Heute muß ich mir von meinen Freunden und meiner Frau anhören: »Are you still interested in normal life?« *Komischerweise lädt man mich immer noch ein, wie heute abend in mein Lieblingsrestaurant* Flamingo East [*219 2nd Ave zwischen 13th und 14th St.*]. *Doch ich habe gerade abgesagt.*

CLAUDIA SCHIFFER,

das schönste Mädchen der Welt:

Von der Schulbank zur Dollarprinzessin

Natürlich hat sie sich verändert. Kein Mensch wäre mehr derselbe, wenn er das hinter sich hätte, was Claudia Schiffer (22) passiert ist: über Nacht weltberühmt zu werden! So berühmt, daß in Tokio der Taxifahrer um ein Autogramm bittet, daß in Paris ein Polizist aufgeregt winkt, daß die Soldaten im Golfkrieg ihr Poster in die Wüstenzelte hängten! Man muß sich das vorstellen wie einen Hurrikan, der einem die Beine vom Boden wegreißt.

»Aber ich bin doch ganz schön auf dem Boden geblieben«, zieht der weltberühmte Schmollmund Bilanz, und die tintenblauen Augen schauen mächtig stolz.

Ja, das kann man wohl sagen! Claudia ist einfach herzerfrischend natürlich und – down to earth! Sie hält sich an Termine, ist pünktlich und sagt Verabredungen nie in letzter Minute ab. Nur einmal, als Claudia während des Golfkrieges nicht nach Paris zu einer Modenschau fliegen wollte, weil es ihr zu gefährlich schien. Modezar und Förderer Karl Lagerfeld war damals sauer auf Claudia. Inzwischen hat er sich beruhigt, weil er einsah, daß auch er die Karriere eines so schönen Mädchens nicht stoppen konnte.

»Claudia ist Deutschlands berühmteste Frau. Sie ist der einzige Weltstar, den wir haben«, sagt Lagerfeld heute. »Sie kann sich auf zehntausend verschiedene Arten ausdrücken, flirtet mit der Kamera, daß es absolut unmöglich ist, ein schlechtes Foto von ihr zu machen.«

Das schönste Mädchen der Welt lebt seit drei Jahren in New York. Zum Interview treffe ich sie im Büro ihrer Modellagentur. Von dort wollen wir zusammen durch New York schlendern, reden, Kaffee trinken und Fotos machen. Union Square, fünfter Stock, der Boss der Agentur Metropolitan ist ihr Entdecker. Vor vier Jahren sah er den blonden Teenie in einer Düsseldorfer Diskothek und schleppte sie vor die Kamera. Seitdem ist Claudias Gesicht in der ganzen Welt bekannt. Titelseiten der Magazine hängen im Büro an der Wand, hundertmal Claudia Schiffer – sportlich im Badeanzug mit nassen Haaren, elegant im kurzen Chanel-Kostüm mit endlos langen Beinen, sexy in knallengen Jeans, verführerisch in durchsichtiger weißer Bluse, auf den Laufstegen in Paris, Mailand, Rom, Tokio, mit übermütigem Lachen oder verführerisch runden Lippen à la Brigitte Bardot, der sie sehr ähnlich sieht.

Schlag 14 Uhr geht die Tür auf. Die schönste Blondine der letzten 20 Jahre – so Modezar Karl Lagerfeld – stürmt herein: »Ich bin gerne pünktlich und diszipliniert«, kokettiert sie mit einem Blick zur Uhr. Claudia sieht in dem rehbraunen wadenlangen Wildlederrock, mit Cowboystiefeln und weißem Blüschen wie der junge Frühling aus: frisch, rosig. Die langen blonden Haare trägt sie offen, nur ein Hauch Rouge und Lippenstift lassen das ebenmäßige Gesicht strahlen. Sie braucht keinen Stylisten, der ihr jede Minute das Gesicht pudert. Sie will kein Team von Beratern, die sich an ihre Fersen heften und dem Fotografen sagen, wann er fotografieren darf und wann nicht. Das kennt man von den großen oft sehr launenhaften Hollywoodstars, die eine panische Angst haben, auf einer Aufnahme unvorteilhaft auszusehen. Es stört Claudia nicht, wenn ihr der Wind die Haare durcheinanderweht oder ihr die Sonne ins Gesicht lacht. Im Gegenteil, Claudia strahlt mit der Sonne um die Wette, als wir durch New York spazieren.

»Ich dachte, daß ich Europa vermissen würde, aber dem ist nicht so. New York ist irre aufregend – wie im Film! Jeden Tag neue Möglichkeiten! Erst habe ich mir – als ich vor knapp drei Jahren hier ankam – die Freiheitsstatue angeschaut, dann die Fifth Avenue, dann bin ich U-Bahn gefahren, danach habe ich mir den Film ›Flatliners‹ mit Julia Roberts angesehen. Er drückt aus, was auch ich meine: Jeder Schritt im Leben zählt. Jeder Schritt bedeutet viel für das gesamte Leben. Deshalb überlege ich mir immer ganz genau, was ich mache.«

Im Moment wird gerade für sie gemacht: In der Agentur warten vier Anlageberater, eine Kosmetikfirma schickte den Vertrag – über 16 Millionen Mark! Die höchste Summe, die jemals im Modellgeschäft bezahlt wurde. Die Faxgeräte spuckten in den letzten Tagen drei Filmangebote aus – tolle Rollen an der Seite von Weltstars wie Dustin Hoffman, Robert Redford und Robert de Niro. Sie könnte sich aussuchen, mit wem sie einen Film machen wollte. Claudia Schiffers Erfolg ist gigantisch – ein Mädchen, das vor fünf Jahren in Rheinberg bei Düsseldorf noch die Schulbank drückte! »Ich war in der Schule bei weitem nicht das hübscheste Mädchen, zumindest fiel es mir nicht auf. Denn weder meine Eltern noch meine Freunde sagten mir, daß ich hübsch sei. Ich hatte ein paar Verehrer, ging ab und zu mal aus, lebte so stinknormal – Schule, Hausaufgaben, Tennis, Ballett, Klavier, Aerobic.«

»Ich komm mir vor wie im Märchen«, sagt sie mit kindlichem Staunen. »Ich jette erster Klasse um die ganze Welt, verdiene sehr viel Geld, treffe überall nette Leute – das muß man sich mal vorstellen. Mein Beruf ist der schönste, den es für ein junges Mädchen gibt. Es gibt keine Nachteile. Das einzig schwierige sind die Reisen: Tausende von Flugkilometern innerhalb weniger Tage, immer neue Zeitunterschiede – das ist manchmal ermüdend.«

Es gibt so viele schöne Mädchen auf der Welt. Sie alle träumen von dem Ruhm und Erfolg, den Claudia hat. Doch meist bleibt es bei den Träumen. Was, glaubt Claudia, macht ihre Einzigartigkeit aus?

Sie schüttelt den Kopf, und die blonde Haarpracht fällt ihr ins Gesicht. Claudia grübelt: »Ich glaube, die erste Voraussetzung, um ein Star zu werden, ist, äußerst diszipliniert zu sein. Dann ist es wichtig, sehr selbstsicher zu sein. Ich strahle eine Sicherheit aus, die von innen kommt. Ich ruhe in mir selbst. Ich bin glücklich. Als drittes würde ich sagen, muß man sich natürlich bewegen können. Das ist etwas, was man nicht lernen kann. Entweder man hat es oder eben nicht. Es ist sehr leicht oder eben unmöglich. Ansonsten schaue ich mich täglich im Spiegel an und finde an mir gar nicht so Aufregendes.«

Die Modebranche denkt anders. »Sie hat eine irre Ausstrahlung und Charme«, sagt Lagerfeld. Als er zum ersten Mal ihre Fotos bei Chanel in Paris auf den Tisch bekam, brüllte er vor Begeisterung. Dieses Mädchen, das plötzlich aus dem Nichts auftauchte, war die Antwort auf seine Gebete, die perfekte Umkehrung des männlich herben, spindeldürren Typs der 80er Jahre. Sie ist die totale Frau, rund, weich, ihre Formen und Maße reißen ihn zu Begeisterungsstürmen. Genau das, wonach er sein gesamtes Leben gesucht hatte.

Claudia Schiffer auf dem Markt

Sie bewegt ihren Körper (90–62–91), als ob sie nie etwas anderes getan hätte. »Ich empfinde das nicht als Arbeit«, sagt Claudia einfach, »das ist für mich reines Vergnügen.« Spätestens in Paris 1990 wurde es der gesamten Modewelt sonnenklar: Claudia Schiffer war nicht nur ein neues, hübsches Gesicht, sondern der neue Superstar. Triumphierend tänzelte sie im pinkfarbenen Chanel-Kostüm über den Laufsteg. Fasziniert hielt die elitäre Modewelt den Atem an. Stehender Applaus. Er galt nicht dem Kostüm, sondern Claudia. Statt sich in

...vor der Skyline New Yorks

ihrem Ruhme zu sonnen, entwickelte Claudia einen natürlichen Ehrgeiz und legte zugleich eine hohe Professionalität und Bildung an den Tag – die für eine Anfängerin in diesem Geschäft sehr ungewöhnlich war. Sie machte ihr Abitur in Fernkursen nach. Sie beantwortet die Fragen auf Pressekonferenzen in drei Sprachen – englisch, französisch und deutsch. »Wenn ich etwas mache, dann stehe ich voll dahinter und mache es, so gut ich eben kann«, sagt sie.

Morgens um 4 Uhr steht sie auf. Eine Stylistin macht ihr zwei

Stunden lang Make-up und Haare. Danach wird fotografiert – am frühen Morgen ist das Licht am besten. Oft werden Aufnahmen im Wasser oder in der Kälte gemacht. »Ich bin abgehärtet. Es macht mir nichts aus, zwei Stunden im Badeanzug auf 'nem kalten Stein zu sitzen.« So geht das Tag für Tag, seit vier Jahren. Nur die Orte, Länder und Menschen wechseln. Ganz schön verrückt! Claudia schreibt dagegen an: »Ich führe Tagebuch.« Sie schreibt mit der gleichen Faszination über einen Besuch im Louvre in Paris oder im Metropolitan Museum in New York, wie über all die farbigen Menschen aus allen Ländern dieser Welt auf den Straßen New Yorks. »Ich kann jetzt all diese wunderschönen Dinge sehen, die ich bisher nur aus Schulbüchern kannte.« Sie reflektiert über die Menschen, die ihr begegnen, über Freunde, die in der Modewelt an Aids starben. »Es macht mich unglücklich, wenn ich sehe, daß kein Arzt dieser Welt bisher den Aidskranken helfen kann. Ich habe mich entschlossen, den Wohltätigkeitsveranstaltungen sooft wie möglich beizuwohnen.« Die nächste Eintragung schrieb sie im Flugzeug: »Ich bin von Paris über New York nach Los Angeles, Neuseeland und Australien geflogen – unendlich viel Zeit, meine Eindrücke niederzuschreiben. Ich dachte an Paris. Noch vor wenigen Stunden war ich in Lebensgefahr. Ich wohnte im 40. Stock eines Hotels. Plötzlich schrillte die Feuersirene. Anstatt sofort über die Treppen zu entkommen, packte ich zuerst meine Reisetasche. Erst danach bin ich die 40 Stockwerke über die Treppe hinuntergerannt. Wenige Stunden später landete ich in Australien, am anderen Ende der Welt. Ich sollte Aufnahmen für Bademoden machen, saß mit dem Fotografen am Strand in der Nähe von Melbourne. Plötzlich packte ihn die Lust, und er ging surfen. Was für eine verrückte Welt!«

Um nicht den Boden unter den Füßen zu verlieren, hält sich Claudia an ihrer Disziplin fest. »Ich bin sehr deutsch. Ich gehe früh ins Bett, auch wenn alle anderen ausgehen. Ich bin im Grunde sehr geradlinig. Ich versuche, ein geregeltes Privatleben zu führen. Ich brauche das einfach, wenn ich zu lange allein unterwegs war.«

Zurück nach New York. Claudia hat sich ein Appartement auf der

Ostseite des Central Parks gekauft, mit einem hübschen Dachgarten. Hier wohnt sie zur Zeit alleine. Ihr langjähriger Freund Bill Goins aus Texas ist vor kurzem ausgezogen. Claudia ist wieder solo – nicht nur die Männerwelt atmete auf. Auch in der Branche war man froh: Denn Bill, selbst Model, war immer schrecklich eifersüchtig. Wer kann es ihm verdenken? Die Romanze des Olympischen Sommers mit dem monegassischen Prinzen Albert blieb schließlich niemandem verborgen. Claudia tanzte mit dem Prinzen bis in den frühen Morgen beim Rot-Kreuz Ball in Monaco – eines der wichtigsten gesellschaftlichen Ereignisse der Welt. Seite an Seite verfolgten sie die Eröffnungsfeier der Olympischen Spiele in Barcelona. Romantischen Essen bei Kerzenlicht in Barcelonas Nachtclubs folgten Besuche des Prinzen bei Claudia in New York. Claudia lernte Fürst Rainier kennen und Prinzessin Caroline von Monaco. Mit großer Freude verfolgten die Monegassen die zarten Bande zwischen ihrem Prinzen und dem deutschen Fräuleinwunder. Wie nötig könnte das vom Schicksal gebeutelte Fürstentum eine bildschöne, makellose und junge Prinzessin brauchen, die später die Nachfolge der immer noch unvergessenen Fürstin Gracia Patricia antreten könnte. Prinzessin Caroline schien die Idee zu gefallen. Auch sie bemühte sich rührend um das hübsche deutsche Mädchen. Claudia ließ sich für eine Modeproduktion in Monaco sogar im Stil von Grace Kelly fotografieren. Die ganze Welt fiebert nun einer fürstlichen Traumhochzeit entgegen. Doch Claudia wiegelt ab: »Prinz Albert ist nur ein sehr guter Freund.« Sie scheint den Glamour zu genießen, ist jedoch zu keinerlei Verpflichtung bereit. Sie steht auf dem Höhepunkt ihres eigenen Erfolges, jettet durch die Welt und genießt es, gefeiert und umgarnt zu werden. Vielleicht denkt Claudia an den Prinzen, wenn ihr hübsches Gesicht einmal im Scheinwerferlicht verblaßt. Zu viele hübsche Mädchen auf dieser Welt warten nur darauf, das deutsche Fräuleinwunder vom Thron zu stürzen.

»Mein Leben ist toll so«, sagt Claudia heute. Und Einsamkeit kennt sie nicht. »Ich habe immer ein gutes Buch dabei und noch nie im Leben das Gefühl gehabt, etwas verpaßt zu haben.«

... im Gespräch mit Christel Vollmer

Auch Freunde hat sie, wenn auch nur einige wenige. »Ich glaube, ein Mensch kann nur so viele Freunde haben, wie er Finger hat. Meine linke Hand ist voll, auf der rechten Hand ist noch etwas Platz«, sagt sie. Eine ihrer Freundinnen ist Steffi Graf. Die beiden erfolgreichsten Frauen Deutschlands unter sich. »Steffi interessiert sich sehr für meine Arbeit. Sie hat mir von ihren Mode- und Werbeaufnahmen erzählt. Ich spiele in meiner Freizeit gerne Tennis und bin gerne als Fan bei ihren Turnieren dabei. Ich glaube, wir sind uns sehr ähnlich. Auf jeden Fall haben wir viel Spaß miteinander.«

Wir schlendern über den Wochenmarkt am Union Square. Claudia kauft Himbeermarmelade, Äpfel, Orangen. »Ich ernähre mich sehr gesund – viel Gemüse, Salat in jeder Form, Obst und Fisch, nur ganz selten Fleisch. Ich bin begeistert von dem amerikanischen Diätprogramm *Fit for Live*, danach darf man keine Eiweiß- und Milchprodukte zusammen essen und pro Mahlzeit nur eine gekochte Speise. Bis Mittag esse ich nur Obst und danach nur leichte Kost, die ich bewußt zusammenstelle. Ich nehme mir ins Flugzeug oft ein Yoghurt oder Äpfel mit.«

Eigentlich muß Claudia nicht auf ihre Figur achten. Die gesunde Ernährung war Bestandteil ihres Lebens von Kind auf. »Bei uns zu Hause gab es nie süße Limonaden. Wir haben immer nur Wasser getrunken. Deswegen trinke ich Wasser und Tee. Kaffee mag ich nicht. Alkohol auch nicht. Ich rauche nicht. Das hat nichts damit zu tun, daß ich Model bin. Mein einziges Laster sind Süßigkeiten. Ich habe mir überlegt: Solange ich kein Fleisch esse, kann ich mir auch mal was Leckeres wie Schokolade erlauben. Ich esse auch Eiskrem. Sehr gern sogar. Aber ich verteile es immer so, daß ein Gleichgewicht da ist.«

Die Familie. Je weiter Claudia von ihr entfernt ist, desto näher fühlt sie sich ihr. »Ich hatte eine glückliche Kindheit. Meine Eltern sind phänomenal. Beide sind starke Persönlichkeiten. Mein Vater ist ein erfolgreicher Anwalt, meine Mutter ist erfolgreich in allem, was sie macht. Sie ist eine starke, gläubige Person, die mich genauso erzogen hat, wie sie selbst erzogen wurde – sehr streng, mit vielen Prinzipien. Doch streng im positiven Sinne. Meine Mutter war immer für uns da, wir redeten und diskutierten. Mein Vater gab uns als Familienoberhaupt das Gefühl der Sicherheit. Als kleines Mädchen war ich schrecklich schüchtern. Schon beim kleinsten Problem rief ich nach meiner Mutter oder nach meinem Vater. Sie gaben mir Vertrauen und halfen. Ich hatte immer das Gefühl, sie seien auf meiner Seite, egal was ich tat – ich hatte nie Angst vor Fehlern.«

Bis vor kurzem hat Claudia noch ihre schmutzige Wäsche zu Hause abgeliefert. In letzter Zeit sind die Besuche seltener geworden, aber

Ihre offizielle »Visitenkarte«

Mutter und Tochter telefonieren noch immer jeden Abend miteinander. »Nicht weil meine Mutter kontrollieren will«, sagt Claudia. »Sie weiß schon, daß ich kein Mädchen bin, das jede Nacht ausgeht. Ganz selbstverständlich, damit ich ihr erzählen kann, was es im Studio gegeben hat und ob der Fotograf ein ganz netter oder nur ein mittelnetter war.«

Mutter Gudrun sagt: »Wir sprechen über das Leben, das sie führt. Doch nicht über Ruhm, sondern über ganz belanglose Dinge, beispielsweise wie man Spaghetti kocht oder wie man eine Wohnung sauber hält. Ich glaube, das ist es, was Claudia nicht abheben läßt.«

Doch wie steht es mit den Eltern? Ist ihre Karriere nicht eine Art Wunder für Mutter und Vater? Etwas Unvorhersehbares ganz sicher. Das konnte sich wirklich niemand vorstellen. »Meine Mutter versucht, möglichst viel bei mir zu sein, um zu verstehen, was täglich passiert. Wenn wir nicht telefonieren, begleitet sie mich. Wenn ich Schwierigkeiten habe, kann ich immer nach Hause kommen und mich ausheulen. Mein Vater ist unheimlich stolz auf mich. Es freut mich, das zu sehen. Es sind so kleine Sachen: Daß ich auf der Straße erkannt werde, oder wenn er Gutes über mich liest.« Inzwischen kann Claudia ohne Sicherheitsbeamte und Absperrungen, wie bei einem Staatsbesuch, ihre Werbetermine kaum mehr wahrnehmen. Selbst in die Kosmetikabteilung eines Kaufhauses pilgern Tausende von Leuten, um Claudia zu sehen.

»Es ist heute fast unmöglich für mich, unerkannt irgendwohin zu gehen. Fast an jeder Ecke werde ich angehalten und um ein Autogramm gebeten. Das finde ich verwirrend, oft erröte ich sogar. Doch deshalb arrogant werden könnte ich nie. Ich bin von Natur aus eine ausgeglichene Person. Ich habe keine Launen, ich rede nicht schlecht über Leute. Deshalb fällt es mir nicht schwer, nett zu meinen Fans zu sein. Ich weiß, die Leute kommen, um mich zu sehen. Ich freue mich sehr darüber.«

Wie soll dieses Mädchen, das aus dem Nichts zum Weltstar aufstieg, irgendwann wieder ein normales Leben leben? »Daran denke ich jetzt nicht«, sagt Claudia. »Auch wenn ich nur noch einen Tag arbeiten würde, wäre das schon genug. Doch da ich in diesem Geschäft bin, muß ich anders denken als jemand, der normal verdient. Es ist ein Business, in dem unglaubliche Summen bezahlt werden. Unglaubliche! Ich möchte soviel herausholen, wie ich kann«, sagt Claudia. Sie verdient wirklich astronomische Summen, manchmal 60000 Mark am Tag, manchmal mehr, im Durchschnitt aber 20000

...die Frau mit den hundert Gesichtern

Mark sicher. Auf 20 Millionen Mark wird das Vermögen von Claudia Schiffer geschätzt, das sie in den letzten fünf Jahren verdiente. Was macht sie mit dem vielen Geld? Claudia legt viel in Immobilien an, besitzt Häuser in Paris und New York – und ein schickes Appartement in Monaco. Ihr Vater Dr. Heinz Schiffer steht ihr mit Anlageberatern zur Seite. Doch Claudia selbst achtet ganz genau darauf, was sie ausgibt. Sie rechnet jede Taxiquittung ab, führt genau Buch über Ausgaben und Einnahmen. Ihr Verhältnis zum Geld ist normal geblieben – bis jetzt. »Jeans, die 200 Mark kosten, finde ich einfach zu teuer«, sagt sie. Aus solchen Ansichten wird sie herauswachsen – das passiert ihr ja jetzt schon. »Ich bin in ein völlig neues Leben geraten, meine Interessen haben sich in der kurzen Zeit gewandelt.« Wenn ihr Gesicht eines Tages ausfotografiert sein sollte, möchte sie studieren – Kunst, Geschichte und Sprachen. Oder Anwältin werden wie ihr Vater. »Ich lese viel«, erzählt Claudia, »im Flugzeug, am Flughafen, in den Pausen zwischen den Aufnahmen. Ich liebe Biographien, zur Zeit lese ich die der französischen Expressionisten. Dann ein Buch von Françoise Gilot über Matisse und Picasso, eine Studie über Paul Cezanne und ein Werk über den Kunsthändler Ambroise Vollard. Die Biographie von Van Gogh liegt in meiner Wohnung auf der Kommode. Das ist ein spannendes Buch. Wenn ich mir vorstelle, welch großer Künstler er war und wie arm und elend er gelebt hat.« Ihr Blick fällt auf die Penner auf den Parkbänken am Union Square, eingehüllt in Zeitungspapier, ihren Plastikbeutel mit den wenigen Habseligkeiten als Kopfkissen. Als Claudia sie sieht, sagt sie: »Nur wenige Menschen haben soviel Glück im Leben wie ich – ich weiß das und bin dankbar dafür. Mein Aussehen ist ein Geschenk Gottes. Ich bin das Kind toller Eltern, die gut aussehen, groß sind und all diese Dinge haben, so daß ich geworden bin, was ich bin.«

CLAUDIAS PERSÖNLICHES NEW YORK:

»Ich bin verrückt nach dieser Stadt. Das Leben ist so einfach. Ich gehe in Ausstellungen oder setze mich einfach ins Kino, esse Popcorn. Es ist so viel Energie in der Stadt. Ich kann dort normal sein.« Ihr Lieblingsrestaurant: Jour et Nuit. *Dort taucht Claudia zum Entzücken des deutschen Besitzers oft in Begleitung von Steffi Graf auf. Die beiden berühmten Frauen tratschen über die Einrichtung ihrer Wohnungen, über Männer – und wo man in New York am besten unerkannt essen gehen kann. Mehr will Claudia daher nicht verraten, damit New York für sie nicht den Zauber der anonymen, bunten Metropole verliert.*

Gastronom

EGON GRONAU

aus Hamburg:

Hans Albers prophezeite ihm eine große Karriere

Es kann natürlich ein Zufall gewesen sein. Doch wer glaubt nicht gerne an eine höhere Bestimmung: Es war im Sommer 1952 in Hamburg. Der Hafen florierte wie lange nicht mehr. Alle großen Reeder hatten ihre Büros in Hamburg. Der griechische Reeder Aristoteles Onassis wohnte teilweise in der Hansestadt, einem seiner wichtigsten Stützpunkte für die Tankerflotte.

Ein großes Ereignis stand bevor. Hamburg hatte eine Begrüßungsanlage gebaut für alle Schiffe, die die Elbe aufwärts in den Hamburger Hafen einfuhren. Zur feierlichen Eröffnung sollte am 9. Januar 1952 der Mast eingeweiht werden, und zum ersten Mal eine Fahne gehißt werden. Hans Albers, einer der beliebtesten Volksschauspieler der Hansestadt, sollte diese ehrenvolle Aufgabe übernehmen. Ein kleiner Hamburger Junge durfte ihm dabei assistieren. Er sollte Hans Albers eine Flasche Rum reichen, die er an dem Mast zerschlagen wollte. Die Kapelle spielte, alles lief wie geplant.

Plötzlich jedoch neigte sich Hans Albers zu dem kleinen Jungen, klopfte ihm anerkennend auf die Schulter und sagte: »Mien Jung, aus dir wird auch mal noch was werden.«

Egon Gronau war damals gerade 15 Jahre alt geworden, wie immer am Heiligabend hatte er Geburtstag gehabt, und wie immer hatte er sich schrecklich über diese Ungerechtigkeit geärgert. Er hatte ein paar Handschuhe bekommen, einen zum Geburtstag und einen zu Weihnachten. Wenige Monate zuvor hatte der Ernst des Lebens für ihn begonnen. Egon hatte eine Lehre als Kellner in der Schulau begonnen, dem Hamburger Gasthof, vor dessen Tür die Begrüßungsanlage stand. Was auch immer Hans Albers mit diesem Spruch gemeint haben könnte – Egon Gronau war sich plötzlich sicher, daß er es einmal weit bringen werde. Und Glaube versetzt bekanntlich Berge.

9. Januar 1991 – auf den Tag genau 39 Jahre später. Wieder wird eine Fahne gehißt. Doch dieses Mal zu Ehren von Egon Gronau. Der amerikanische Union Jack wehte an diesem kalten Januartag über dem Capitol Hill in Washington. Die ganze Hamburger Verwandtschaft war zu diesem Festtag nach Amerika gereist und bestaunte das Ban-

ner über dem Präsidentenhügel. Egon Gronau wurde von der International Geneva Association (IGA) zum Restaurateur des Jahres 1991 gewählt. Eine Ehre, die bisher fast immer ins europäische Ausland verliehen wurde und die Amerikaner dadurch besonders stolz machte. Schließlich war Egon Gronau ihr deutsch-amerikanischer Fachmann im Restaurantwesen. Ein Mann, der aus Hamburg stammt, doch Amerika zu seiner Heimat erkoren hatte.

39 Jahre sind vergangen, in denen viel geschehen ist. Doch eines ist sicher: Aus dem Jungen, der Hans Albers die Flasche zur Einweihung des Fahnenmastes reichte, ist tatsächlich etwas geworden. Denn mit einem großen Dinner und den besten Wünschen der gesamten internationalen Fachpresse, dem Hissen der Fahne auf dem Kapitol in Washington und einer Ehrenfeier im Short Hills Hilton mit Liza Minelli, Frank Sinatra, Steve Wonder und Eva Garbor, sowie Gästen aus Washington und Hamburg wurde die hohe Auszeichnung für Egon Gronau tagelang gefeiert.

Wie sind die Jahre verlaufen, wie hat dieser Hamburger Jung es geschafft, derart bekannt und erfolgreich zu werden? Step by Step – Schritt für Schritt hat Egon Gronau seine Karriere aufgebaut. Hier zum Nachahmen oder zum Lesen, um vielleicht dabei einiges zu lernen:

Kurz bevor Egon Gronau 1955 seine dreijährige Kellnerlehre in der Schulau in Hamburg beendet hatte, kam sein Onkel aus Amerika zu Besuch. Ein stattlicher Mann, der in New York lebte und dort ziemlich erfolgreich war. Onkel Wilhelm war Bankettmanager im *Waldorf Astoria* – damals schon eines der besten Hotels in New York. Er gab dem Jungen zwei Tips: Bleib im Gaststättengewerbe und gehe ins Ausland. Egon faszinierten damals die großen weißen Ozeandampfer, die fast täglich an der Schulau vorbei zu ihren Anlegern fuhren. Oft stand er am Kai und beobachtete die Leute, die die Reling herunterschritten. Sie waren fein gekleidet. Die Herren trugen Zylinder und Stock, die Damen lange Kleider, und die Matrosen schicke weiße Uniformen. »Sie hatten Äffchen dabei oder bunte Papageien«, schildert Egon Gronau. »Ich bekam Fernweh und wollte unbedingt die Welt kennenlernen – da bot es sich an, als Kellner auf einem dieser Pötte anzuheuern.« Seine erste Heuer bekam er auf der *Hamburg Süd Linie*,die nach Südamerika fuhr. Später fuhr er als Schiffskoch für die *Kolumbus Linie* zwischen Nord- und Südamerika und danach für eine norwegische Gesellschaft nach Südafrika und Australien. Einen Großteil der Welt hatte er so bereits abgefahren, es fehlten nur noch die Mittelmeer-Region und das südliche Europa. Da bot sich die Mittelmeer-Linie *Levante* an, mit der Egon Gronau durch ganz Mittel- und Osteuropa, in die Türkei und nach Rußland fuhr.

»Ich habe die Schiffe benutzt, um die Welt zu sehen«, sagt Egon Gronau. »Ich habe die meisten Städte dieser Welt und fast alle Menschen der unterschiedlichsten Couleur kennengelernt. Durch diese Erfahrung konnte ich mir ein detailliertes Bild von der Welt machen, in der ich lebe. Viele Städte und Länder haben mir gefallen – doch richtig fasziniert hat mich nur eine einzige Stadt: Das war New York. Ich bin auf meinen Nord- und Südamerika-Trips häufig mehrere Tage in der Stadt gewesen und habe Zeit gehabt, sie anzuschauen. Es waren die sechziger Jahre – das Goldene Zeitalter – bis heute, wie ich glaube, die schönste Zeit. Die Passagiere nahmen uns in ihren dicken Lincoln Limousinen den Westside Highway mit hinauf. Nicht nur der Reichtum in New York, sondern auch die lockere Art der Amerikaner hatte mich tief beeindruckt«, erzählt Egon. »Schon als Lehrling, als ich vorübergehend im Offizierskasino in Heidelberg gearbeitet hatte, fragte mich ein amerikanischer General, ob ich nicht eine Runde Shuffle Bord mit ihm spielen wollte. Ich dachte mir, wer bin ich eigentlich. Das wäre einem deutschen General nie eingefallen.

Ein weiteres Beispiel, das mir aufgefallen war: In Hamburg kommt der Lotse schwer beladen und natürlich in Uniform an Bord. In New York habe ich die Lotsen im normalen Straßenanzug an Bord gehen sehen, die Zeitung steckte locker hinten aus der Tasche raus und sie sagten: ›Hi, how are you?‹ Ich war jung, hatte eine hübsche Frau, die ich in Heidelberg kennengelernt hatte. Wir fuhren auf dem Motorroller durch die Gegend und wollten nicht nur arbeiten, sondern auch

Egon Gronau am Anfang

das Leben genießen. Ich fand, New York wäre die ideale Stadt für uns. Zudem war es damals sehr aufregend für einen jungen Mann nach Amerika zu kommen, denn es boten sich viel mehr Chancen.«

Ehefrau Ingeborg Anna Maria Guts Muths, sie kommt aus einer Turnerdynastie, ihre Vorfahren erfanden das Schulturnen in Deutschland und schrieben die ersten Abhandlungen zur Leibesübung, war mit Egons Idee, nach Amerika auszuwandern, einverstanden.

1960 fuhr das Schiff mit inzwischen drei Gronaus an Bord von Bremerhaven nach Virginia. 1400 Mark der Preis. Sohn Michael – der Dritte im Bunde – war damals gerade eineinhalb Jahre alt. Die Überfahrt war beschwerlich und sehr stürmisch. In Virginia anzukommen war zudem nicht berauschend. Was man vom Hafen aus sah, war ödes Land und keine Menschen. Hinzu kam, daß Onkel Wilhelm inzwischen gestorben war und auf ihn hatte man doch alle Hoffnungen gesetzt. Er sollte den Gronaus helfen, eine Wohnung zu finden und einen guten Job. Der Frust bei der Ankunft in New York war immens – nichts, aber auch gar nichts klappte.

»Unser Abenteuer begann äußerst ungünstig«, sagt Egon Gronau. »Wir endeten vorerst einmal auf unseren Koffern bei einer Familie in New Yersey, die uns vorübergehend zwar beherbergen würde, doch wir mußten so schnell wie möglich etwas finden.«

Einen Tip, den ihm sein Onkel noch auf den Weg geben konnte, war, Mitglied im Genfer Verband für Hotel- und Gaststättengewerbe zu werden. Es wäre einfacher, durch den Verband eine Arbeit zu bekommen. »Ich trat also als erstes dem Verband bei. Das Beste, was ich überhaupt tun konnte«, erzählt der Hamburger Gastronom. »Heute bin ich übrigens Präsident dieses Verbandes.« Egon Gronau konnte gleich als Kellner beginnen, kurz darauf wurde er Oberkellner, und wenige Jahre später hatte er bereits ein eigenes Restaurant.

»Ich habe mich immer selbst vorwärts gepuscht«, erklärt er seinen schnellen Erfolg. »Schließlich fragte man mich, ob ich nicht der neue Generalmanager bei der Neueröffnung eines Restaurants werden wollte. Das schien ich wohl mit einem glücklichen Händchen zu machen, denn ich eröffnete ein Restaurant nach dem anderen – wohlgemerkt für fremde Leute. Erst als ich genug Geld hatte, wollte ich selbständig werden. Ich kaufte mein erstes eigenes Restaurant in New Jersey. Es war ein altes Steinhaus von 1880 – das älteste Haus in New Jersey –, das ich zu einem hübschen Gourmetrestaurant umbaute. In Kürze kamen Gäste aus allen Teilen New Yorks, New Jerseys und selbst aus Connecticut angereist. Mein Restaurant lief hervorragend. Erst die Energiekrise machte mir einen Strich durch die

... und auf dem Gipfel seiner Karriere

Rechnung. 1973 und 1974 wollte keiner mehr in das doch sehr entlegene Restaurant fahren. Die Benzinpreise waren derart in die Höhe geschossen, daß allein schon die Fahrt teurer als ein Abendessen geworden wäre.

Ich mußte verkaufen – zwei Wochen zu früh, wie sich später herausstellte. Kurz darauf war die Energiekrise vorbei und das Restaurant boomte wieder und verhalf seinem jetzigen Besitzer zu enormem Reichtum. Trotz momentaner Enttäuschung kam es für mich weitaus besser, als es jemals mit dem eigenen Restaurant hätte sein können«, erzählt Gronau.

»Ich bewarb mich als Chefmanager bei einem alten Familienunternehmen. Die Familie Knowles hatte bereits ein sehr gutes Restaurant *The Manor* und wollte noch zwei weitere eröffnen. *The Manor* war wenige Kilometer von New York entfernt in einem landschaftlich schönen Gebiet gelegen und sollte von Familienfeiern über Hochzeiten bis zum Tête à Tête bei Kerzenlicht alles bieten. Ich fing im *Ma-*

nor an wie ein Lehrling bei *General Motors*, als Steward für Food und Beverage und arbeitete mich in 17 Jahren zum Director of Operations für alle drei Restaurants hoch – von denen ich zwei nach meinem Geschmack einrichtete und eröffnete. Als ich anfing, haben wir 5,6 Millionen Dollar im Jahr umgesetzt, jetzt sind es 25 Millionen Dollar. Wir haben alle Auszeichnungen bekommen, die es überhaupt gibt, vom goldenen Cartier Teller bis zum diamantenen. Ich mache mit 600 Angestellten 400000 Mahlzeiten im Jahr, pro Woche verbrauchen wir 2500 Hummer. Wir haben unsere Küche so gebaut, daß wir in drei bis sechs Minuten hundert Essen servieren können – je nachdem, ob für ein festliches Abendessen oder ein wichtiges Business Lunch. Zahlen, die nicht nur viele amerikanische Gastronomen staunen lassen, sondern auch viele Deutsche. Diese Art Fließbandsystem – für nur hochqualifizierte Ware – ist in Deutschland bisher völlig unbekannt. Eine Management Gruppe aus dem *Dorint Hotel* war gerade hier und hat von unserer Produktion Videoaufnahmen gemacht, die jetzt bei allen Management-Seminaren gezeigt werden sollen. Außerdem haben sie ihre Küchen nach unserem Schema komplett umgebaut. Das zweite Restaurant, das ich aufbauen durfte, war eine Ruine in einem Naturschutzgebiet, das dem Staat gehörte. Wir konnten sie auf 25 Jahre pachten. Wir haben es als schönes altes Haus, ganz in der Nähe vom Edison Museum in West Orange County, wieder aufgebaut mit herrlichem Blick auf die Skyline von Manhattan.«

Das *Highlawn Pavillon* ist im Gegensatz zum *Manor* ganz im norditalienischen Stil gebaut, mit einem Innenhof ähnlich einer Villa in Florenz oder Siena. Der Stil des *Manor* ist eher mit einem altenglischen Gutshaus zu vergleichen mit weitläufigen traumhaft angelegten Gärten. Das dritte im Bunde, das *Rams Head Inn* liegt 15 Kilometer von Atlantic City entfernt und war das Landhaus einer reichen amerikanischen Familie. Sie hatten für ihre wertvolle Gemäldesammlung eine sonnendurchflutete Galerie durchs gesamte Haus gezogen, das um einen großzügigen Innenhof mit Brunnen und Springbrunnen im rechteckigen Stil gebaut wurde. »Bei diesem Restaurant mußten wir nicht sehr viel renovieren. Wir legten Wert auf die In-

Der Luxustempel für Essen der Spitzenklasse: The Manor Restaurant

neneinrichtung mit herrlichen Antiquitäten«, erklärt Egon Gronau. Als Manager der drei Restaurants hat er natürlich einen ausgefüllten Arbeitstag, der um 7 Uhr morgens beginnt und nie vor 20 Uhr endet. Danach ist er auf einem Kongreß oder bei einem Diner einer seiner 15 internationalen Gastronomenverbände, die von New York das gesamte Hotelbusiness der Welt überwachen.

»Ich empfinde es dennoch einfacher, in Amerika Geschäfte zu machen und erfolgreich zu sein als in Deutschland. In Amerika, insbesondere in New York, gibt es keinen Leerlauf, sondern es wird das Optimale aus der Zeit herausgeholt. Man trifft schnelle und präzise Entscheidungen. Man trifft diese Entscheidungen auf Managerebene nicht bei stundenlangen Gesprächen am Tisch, sondern meist auf dem Weg vom Geschäft zum Auto oder im Auto per Autotelefon. Wir sprechen auch nicht über gestern, wir sprechen nur von morgen. Alles andere wäre verlorene Zeit«, erklärt Egon Gronau.

Er hat nicht nur die drei besten Restaurants in New Jersey zu managen, sondern ist Mitglied in vielen Organisationen, die natürlich auch Pflichten mit sich bringen. Als Präsident der International Geneva Association in New York vergibt er jedes Jahr den Oscar für das beste Restaurant in New York. Er ist im administrativen Bereich im New York Culinary Team Frankfurt, das 1988 mit 27 Medaillen von der Culinary Olympics aus Frankfurt zurückkam. Dann präsentierte Egon Gronau das *Manor* bei der Amtseinführung des Präsidenten der Vereinigten Staaten im Jahre 1985 in Washington. Er bekam eine Auszeichnung für seine hervorragende Küche und die 24000 exklusiven Appetithäppchen, die er den Gästen zu Ehren der Wiederwahl des US-Präsidenten Ronald Reagan kredenzte.

»Es ist wohl nicht übertrieben, wenn man sagt, daß die Anerkennung Restaurateur des Jahres 1991 zu sein, für Egon Gronau schon längst fällig war, denn was dieser Mann als Director of Operations für die drei besten Restaurants in New Jersey leistet, ist unvergleichbar«, schreibt die Washington Post am 1. März 1991.

Wie es in Amerika jedem sehr erfolgreichen Unternehmer, der weltweit bekannt wurde, gebührt, klopfte natürlich auch Hollywood an Egon Gronaus Tür. Es begann mit 600 Studenten von der bekannten UCLA Universität in Kalifornien, die bei Egon Gronau Organisation und Management lernen sollten. Sie waren so begeistert, daß sie Gronaus *Manor* in Los Angeles naturgetreu nachbauten und eine Filmfirma begeistern konnten, die das Unternehmen finanzierte und jetzt verfilmen will. Egon Gronau wurde zur Überwachung der naturgetreuen Nachbauten nach Hollywood eingeladen.

»Viele Restaurateure aus aller Welt kommen zu uns, weil wir die Erfolgreichsten sind. Ich bin sehr erfreut darüber und gebe mir alle Mühe, unser Know-how, also unser Wissen weiterzuvermitteln. Gerade hatten wir die Elsaß-Wochen organisiert und Köche aus dem Elsaß zu uns eingeladen. Später wird ein Teil unserer Küche ins Elsaß gehen.«

Auch mit dem Personal hat Egon Gronau keine Probleme. »Es ist eine Ehre für die meisten, zu uns zu kommen. Wir haben ein gutes Renommee, ich kann sehr gut mit Menschen umgehen, und die Leute profitieren davon. Amerika hat meiner gesamten Familie gut getan. Meine Frau, sie war früher Kinderkrankenschwester, hat heute eine Kinderstation in einem Krankenhaus in New Jersey unter sich. Sohn Michael (34) hat Automechaniker gelernt und eine Art Federal Express Service für Autos aufgebaut. Er hat mehrere Lieferwagen, die alle mit Werkzeugen ausgestattet sind und den Kunden bei Fahrzeugpannen vor Ort helfen. Inzwischen zählen große Banken und Firmen zu seinen Kunden, die bei ihm regelmäßig die Autos überholen lassen.

»So gab Amerika jedem aus meiner Familie seine Chance, sich selbst zu verwirklichen und auf seinem Gebiet erfolgreich zu sein«, sagt Egon Gronau. »Denn mit einer guten Idee und viel Engagement kann man in Amerika, insbesondere in New York, noch immer zum Millionär werden.«

SEIN PERSÖNLICHES NEW YORK:

RESTAURANTS:
Mir gefallen ältere Restaurants wie der *Oak Room* im *Plaza Hotel, la Grenouille* [53 East], *Cote Basque* [5 East 55 th], *Le Circque* [58 East 65 th]. Als Präsident der ganzen kulinarischen Verbände bin ich ständig irgendwo eingeladen. Essen ist nicht nur mein Beruf, sondern auch mein Hobby.

LIEBLINGSSTRASSE:
Die Restaurantstraße

PLÄTZE UND STADTTEILE:
Metropolitan Oper, World Trade Center, Harlem zum Jazz hören, Brooklyn zum Essen zu den Russen.

HOBBIES:
Sammeln von Meißner Porzellan, Königliche Porzellanmanufaktur und Antiquitäten

GÄSTE IN NEW YORK:
Ich empfehle die Museen, gehe aber nicht mit. Beim Essen bin ich als kulinarischer Führer dann gerne dabei.

RUDOLF

aus Berlin:

© *Patrick McMullen*

Der
König der Nächte
von Manhattan

Der Familie Möller aus Wanne-Eickel würden die Haare zu Berge stehen, wenn sie sich mit Rudolf unterhalten würde. Doch da Rudolf und die Familie Möller weder in Wanne-Eickel noch in New York zusammentreffen, brauchen wir uns darüber keine weiteren Gedanken zu machen. Rudolf aus Berlin, seinen Familiennamen hat er nicht mehr auf der Palette, weil ihm das zu bieder ist, ist einer der gefragtesten Disko-Könige von New York. Doch er ist derart abgefahren, hip und cool, daß ein Frage-und-Antwort-Spiel, um mehr über die Lebensphilosophie dieses Typen in Erfahrung zu bringen, im herkömmlichen Sinne nicht möglich ist. Unsere Kontaktaufnahme weitete sich zu einem Gespräch über mehrere Wochen aus. Immer wenn Rudolf gerade hip und gut drauf war, rief er mich an und erzählte mir mehr über sein Leben. So ergab sich im Laufe der Wochen und Monate eine Art Mosaik seines Lebenswegs.

Rudolf ist in Berlin geboren, Diplomatensohn. Aufgewachsen in Argentinien, zurück nach Berlin, Abitur, Studium der Wirtschaftswissenschaften. Er schloß als Betriebswirt ab, das war das letzte Nachprüfbare in seinem Leben. Soweit redet seine Mutter in Berlin-Spandau auch noch über ihn. Alles was danach kam, davon will die gute Frau nichts wissen und warf ihn beim letzten Besuch auch aus dem Haus. Trotz aller bürgerlicher Abwehr ist Rudolf überaus erfolgreich.

Nach seinem Studium 1970 ging er nach Brasilien. Die Zeit des Wirtschaftsbooms. Er machte an der Börse viel Geld und eröffnete eine Kette von Waschsalons – insgesamt acht. Es waren natürlich keine gewöhnlichen Waschsalons und Rudolf plazierte sie auch nicht irgendwo. Nobeladressen mußten es sein, in der Nachbarschaft von fabulous people: Modells, Fernsehschauspielern, reichen Restaurantbesitzern. In egomanischen Fernsehauftritten rührte er die Werbetrommel. Die Leute wurden aufmerksam.

Rudolfs nächster Coup: ein Rock 'n' Roll Club und Brasiliens erster englischer Pub. Er gründete die Firma *Emprel* und machte eine Fast-Food-Kette auf, jeder Imbiß mit 20 Angestellten. Und dann verkaufte er alles. Fast alles. »Ich habe viele Hektar Land behalten. Doch das

Land haben sich die Slum People geschnappt und haben ihre Blechhütten darauf gebaut. Jetzt besitze ich Favellas oder Slums, wenn Sie so wollen«, sagt Rudolf. »Das Land ist ungefähr eine halbe Milliarde Cruzedos wert. Wieviel das heute ist, weiß ich nicht. Vielleicht 20 Dollar.«

Warum ging er von Brasilien nach New York?

»Das Leben ging mir zu langsam. Ich brauche immer Power und Stoff. Mein Trip nach Berlin zwischendurch war eine Entgleisung. Da drehte ich fast durch. Nur grimmige Mienen, dumme Sprüche. Rein in den nächsten Flieger und ab nach New York.«

Acht Monate lang hing er in New York einfach so rum. »Ich hatte Sex und Spaß«, sagt Rudolf. »Jede Nacht Parties, gute Frauen – ich stellte ungefähr 300000 Dollar auf den Kopf. Das ist Leben. Ich lebte und liebte in vollen Zügen. Es ging mir gut. Ich hatte neue Ideen...«

Es lag auf der Hand. Bei seinem ausschweifenden Streunen durchs New Yorker Nachtleben kannte er die Szene wie kaum ein anderer. Es fiel ihm auf, was die Clubs für ein Manko hatten: Sie ließen Leute mit Geld oder Namen rein. Das war Rudolfs Meinung nach falsch. Nur gute Leute, die zusammen passen, sollen in die Clubs rein. »Ich hätte einen Sammy Davis Junior oder eine Liza Minelli draußen stehen lassen, wenn sie der Atmosphäre des Clubs nicht zuträglich gewesen wären«, erläutert Rudolf. Namen und Geld zählen nur, wenn es reinpaßt. Rudolf eröffnete das *Prawda* im Künstlerviertel Soho. Sein erster Nachtclub. Die Polizei schließt ihn nach nur einer Nacht wegen Lärmbelästigung der Nachbarn. Ein einziges Verlustgeschäft: 250000 Dollar. Beim nächsten Laden, der *Danceteria*, eine Institution in den frühen 80er Jahren, ist Rudolf schlauer. »Ich habe einfach alle bestochen. Die Nachbarn, die Polizei, die Feuerwehr, ja selbst den Richter, als ich wegen eines Drogendeliktes vor Gericht mußte«, sagt Rudolf. »Das war teurer als der ganze Laden, denn ich hatte alles für 25000 Dollar geleast.« Ein Jahr lang, dann zahlte Rudolf nicht mehr. Prompt wurde der Laden geschlossen. Rudolf macht was Neues: die *Peppermint lounge*, verkauft sie jedoch nach vier Monaten wieder. Er eröffnet eine zweite *Danceteria*, die läuft so gut, daß die Besitzer des renommiertesten Nachtclubs in New York, dem *Palladium*, um ihre Kunden fürchten. Es folgte ein perfekter Schachzug ihrerseits. Sie heuerten Rudolf für sehr viel Geld an – 5000 Dollar die Woche. Das waren damals 60 000 Mark im Monat. Das *Palladium* war der mondänste Nachtclub, alles nur vom Feinsten und Teuersten. Das behagte Rudolf gar nicht. Er hatte eine Idee, die sich wie ein roter Faden durch seine Karriere zog. Er wollte den Nachtclub schlechthin, in dem ein Bauarbeiter beispielsweise einen Rockefeller treffen könnte – sie würden sich gut verstehen, weil sie auf der gleichen Linie schwimmen. Dieser Rockefeller soll jedoch nicht einen Donald Trump treffen, nur weil beide einen bekannten Namen haben, wenn sie sich nicht verstehen. Das wollte Rudolf herausfiltern. Eine schwierige Aufgabe. Leicht zu verstehen? Rudolfs flapsige Antwort: »Auf einer Linie schwimmen, das ist der Punkt. Ich bin Fisch und lege sehr viel Wert auf die Linie.«

Fisch Rudolf ist übrigens am 28. Februar 1946 in Berlin geboren. Irdische Daten – Rudolf interessieren die nicht. Hauptsache er wurde überhaupt geboren.

Ein Jahr später springt er wieder ab, rauf auf das nächste Projekt: den *Tunnel*, eine Disco in einem stillgelegten U-Bahn-Schacht. Die Untergrundbahnstation bei den Docks erlebte als Dancing ein ungeahntes Comeback. Der Eingang ist eine riesige Röhre, deren Schienenstrang mit dickem Glas überdeckt ist und als Tanzfläche dient. Licht von alten großen Lüstern, man sitzt zwischen antiken Möbeln auf zerschlissenen Plüschsesseln. Die Bahnsteigeinbuchtungen des Lokals dienen als Séparées. Wenn Rolling Stone-Chef Mick Jagger mit Lebensgefährtin Jerry Hall im New Yorker Restaurant *Indochine* speiste, war es für ihn selbstverständlich, danach zu Rudolf in den *Tunnel* zu gehen. Ob Robert de Niro, Madonna, Cher oder der junge Kennedy – sie alle gingen in den *Tunnel*. Der Club war hip und in. Strengste Gesichtskontrolle am Eingang. Abend für Abend stand Rudolf persönlich an der Tür. Er ließ auch die Leute von der Straße rein – ab und zu, wenn sie auf seiner Linie lagen...

Zwölf Monate später ist Rudolf der Mann vom *Mars* – ein Club, der alleine schon von der Bedeutung des Wortes am besten zu Rudolfs exzentrischem abgehobenem Leben paßte. Nach nur drei Tagen, schrieb die Klatschtante der *New York Post*, standen die Taxen und Limousinen vor dem Laden Schlange. Unglaublich, ohne Werbung. Tatsache war, daß Rudolfs Name in der Stadt nicht nur bekannt, sondern auch in war. Er zog einen Troß von Leuten, die ihn als Nachtclub-Genie verehrten, hinter sich her. Er hatte es geschafft. Rudolf war zum König der Nächte von Manhattan geworden.

Die Disco hätte auch anders heißen können. Der *Mars* lebte nur von Rudolfs Namen. In das *Mars*-Viertel verirrte sich keiner zufällig. Die Fabrikhäuser an der 10. Avenue und der 13. Straße gleichen sich bei Tag wie ein Ei dem anderen. Es ist das Schlachthofviertel in New York. Ein letztes jämmerliches Schweinequietschen, das Stöhnen einer Kuh, die unsanft vom Hängelader gestoßen wird. Es stinkt nach Blut und Urin. Auch nachts kehrt hier keine Ruhe ein. Dann wird das Viertel zum Jungmädchenstrich. Prostituierte werden verschachert, Kondome auf das Straßenpflaster geworfen. Der grellrote Neonschriftzug des *Mars* flasht das Elend der Straße aus. Nur vor einem fünfstöckigen Gebäude fahren dicke Limousinen vor. Enttäuscht und verärgert die Gesichter, wenn sie nicht ins *Mars* eingelassen werden. Kein Wunder. Der exzentrische Rudolf scheint sich eine Art Spaß aus seiner Clubphilosophie zu machen und sie als sein liebstes Hobby zu betreiben: »Im Winter ist es besonders schwierig, die fabulous Leute von den Falschen zu unterscheiden«, flachst er. Denn auch die fabulous haben rote Nasen. Rudolf schert sich um niemanden und richtet sich auch nach niemanden. Wenn er ›out‹ sagt, dann ist das so. Ich beobachte einen Abend, wen er hereinläßt und wen nicht. Freitagabend, kurz vor Mitternacht. Das nächtliche Roulette über Sein oder Nichtsein treibt seinem Höhepunkt entgegen. Vor der Absperrung drängen sich rund 200 Leute auf dem schmutzigen Pflaster in Fünferreihen. Sie bitten und betteln, um reinzukommen. Für die New Yorker Nachtschickeria ist der *Mars* der Himmel auf Erden. Doch der Mann, der hier den Petrus spielt, zeigt sich gnadenlos. Zuerst wird ein hübsches kaffeebraunes Mädchen mit einer Frisur wie Diana Ross abgewiesen, weil sie vier Männer im Schlepptau hat, die ziemlich schäbig aussehen. Zwei junge Frauen, frisch aus dem Gaultier Showroom, kamen nicht rein, weil ihre Haare zu künstlich toupiert waren, fand Rudolf. Dann flogen fünf Männer raus, die ein Gruppenabo wollten. »Völlig indiskutabel«, kommentiert Rudolf. Überhaupt haben es Männer in der Gruppe schwer. Frauen, die zu zweit oder dritt kommen, haben dagegen weniger Probleme. Als eine leere Bierflasche gegen den Eingang knallte, wahrscheinlich von einem enttäuschten, abgewiesenen Besucher, rannte eine ganze Meute Sicherheitsbeamter auf die Straße. Drei Männer, die über und über mit Juwelen und Gold behängt waren, schlüpften im Gerangel durch die Tür. Rudolf holte sie wieder raus. »Wir sind auf Bruces Einladungsliste«, sagen sie. Sie meinen die Prominentenliste von PR-Manager Bruce Lynn. Rudolf antwortet: »Es gibt nur eine Liste, und die ist in meinem Kopf.« »You ass...«, antwortet einer, »ich könnte deinen Club kaufen.« Rudolf antwortet cool: »Ok. Dann ruf am Montag an, dann können wir uns über Näheres unterhalten, aber jetzt verschwindet. Sofort.«

New York im Rausch der Nacht – und ein Berliner setzt in der Metropole die Maßstäbe. Rudolf, meist in schwarz gekleidet, die langen blonden Haare mit den feinen silbergrauen Streifen zu einem Pferdeschwanz zusammengebunden, strahlt soviel Sympathie aus wie Dallas-Bösewicht J. R.

Was macht seinen Club so einzigartig? Was treibt die Leute dazu, stundenlanges demutsvolles Warten auf Einlaß in Kauf zu nehmen?

Schließlich ist der umschwärmte Tempel nichts anderes als eine schmuddelige Fleischfabrik. Das Interieur ist dürftig. Die Wasserpfützen auf dem Boden stammen von tropfenden Rohren und sind in. Ein grüner Neonschriftzug Drugs weist den Weg zu den Toiletten. Eine 12 000 Watt-Anlage dröhnt ununterbrochen auf die Tanzenden herab. Wahrscheinlich der einzige Club auf der Welt, in dem die Gäste den DJ bitten, die Musik leiser zu stellen. Doch ohne Erfolg. Rudolfs Gesetze werden von allen befolgt. Er hat im vierten Stock eine Art Séparée eingerichtet. Hier trifft sich der Kreis der Auserwählten.

Rudolf – der König des New Yorker Nachtlebens, © Patrick McMullen

»Das alles ist mein Konzept und meine Idee«, sagt Rudolf. »Die Leute im Club sind ein Teil der Dekoration. Die Dekoration reflektiert das Konzept, und das Konzept bestimmt die Leute. Mir ist das völlig egal, ob die Leute Geld haben und sich in meinem Club viele teure Getränke kaufen können. Am Flughafen wäre das etwas anderes. Doch wer will schon in einem Club sein, der wie ein Flughafen ist. Wenn ich also draußen stehe und die Leute aussuche, versuche ich Kunden zu finden, die in mein Kunstbild passen, die mit Musik oder Kunst zu tun haben oder einen bestimmten Stil verkörpern. Natürlich ist das subjektiv und absolut mein Geschmack. Aber so ist das auch mit der Kunst. Wenn ich jeden reinlassen würde, nur um Geld zu verdienen, wäre der Club nicht fabulous.« Und Rudolf wäre nicht Rudolf, und das Leben wäre nicht so spannend …

»Im übrigen«, sagt Rudolf, »wer in zehn Minuten nicht im Club ist, sollte gehen. Wir tun ihm wahrscheinlich nur einen Gefallen damit.«

Rudolfs Traum, den er gerade mit einer neuen Disco in Aspen, Colorado, und in Beverly Hills zu verwirklichen versucht, ist eine Anzahl von Räumen für VIPs zu haben, einer exklusiver als der nächste, bis es so exklusiv ist, daß nur noch die Königin von England Zutritt hätte. Ein Gesamtkunstwerk sozusagen, das aber auch ein Ausdruck seiner Seele ist. Rudolf zieht sich gern zurück. Er ist ein Einzelkämpfer, ein einsamer Wolf, dem Freundschaften und Beziehungen ein Greuel sind. »Die einzigen Lebewesen, mit denen ich leben muß, sind die Roaches«, sagt er. Roaches sind Kakerlaken.

Nicht ganz. Die einzige Person, die er jemals länger an sich heranließ, war seine Frau Diane Brill, ein Ex-Modell, jetzt Modedesignerin. Acht Jahre lang waren sie verheiratet, dann gingen sie als Freunde auseinander. »Ich will Spaß und Sex«, sagt Rudolf. »Keine tiefe Beziehung. Ich möchte oberflächlich sein. Oberflächlichkeit ist eine großartige Lebensform. Das bedeutet nicht, daß du die tieferen Dinge nicht verstehst. Das bedeutet nur, daß du damit nichts zu tun haben willst. Sie interessieren dich nicht.«

Daher nennt er seine neuen unzähligen Freundinnen, die jedoch alle seiner Ex-Frau etwas ähnlich sehen, »Cat«, Kätzchen. Die Namen seiner Freundinnen interessieren ihn nicht. Damit hat er, wie er glaubt, den nötigen Abstand zur Person geschaffen und kommt nicht in Versuchung, tiefere Gefühle zu entwickeln. Er liest keine Bücher, interessiert sich nicht für Politik oder Geschichte. Nur einen Held hat er sich zum Vorbild genommen: den argentinischen Frauenhelden Rubirosa. Mehr Frauen zu haben wie Rubirosa und dann in die Geschichte einzugehen, das schwebt ihn vor. Und: eine Büste in der »Hall of Fame« neben Ludwig II.

SEIN PERSÖNLICHES NEW YORK:

RESTAURANT:
I tre Merli [463 West Broadway], *China Grill* [60 W 53], *Tatou* [151 E 50 th]

CLUBS:
Alle Clubs in Manhattan, Hispanic-Clubs in der Bronx

QUEENS:
Topless Bar Goldfinger

MUSEUM, THEATER, OPER:
Nicht meine Welt

FILM, FERNSEHEN:
Die Robin Byrd Show, jedes Sexprogramm

FREIZEIT:
Sex, Spaß und Drogen

LIEBLINGSPLÄTZE:
Lower East Side, Lower Broadway, Brigthton Beach

EINKAUFEN:
Design seiner Exfrau Diane Brill

WERNER BAECKER:

»New York, New York«

New York, New York«... TV-Moderator Werner Baecker lebt seit 31 Jahren in der faszinierenden Stadt, die ihn berühmt gemacht hat. Er lebt dort, wo New York am schönsten ist: am weltberühmten Central Park South, nur wenige Minuten von der Metropolitan Oper entfernt.

Ein eleganter Wolkenkratzer mit einem grünen Baldachin, 26 Etagen hoch, mit einer Empfangshalle wie im Luxushotel. Mr. Baecker? Der Portier meldet uns an. Im 21. Stock bitte. Er kennt jeden Bewohner der 260 Appartements mit Namen. Im Erdgeschoß ist das teuerste italienische Restaurant der Stadt. Der Besitzer des *Alfredo* hat für seine Belegschaft den gesamten 19. Stock gemietet. Ansonsten wohnen Schauspieler, Künstler und Typen wie Miss Marple und Woody Allen in dem Haus am Central Park South.

»Hallo, kommen Sie doch rein.« Diese Stimme unverkennbar – »New York, New York«. Werner Baecker – 1,67 m groß, dunkle Hornbrille, das silbergraue Haar nach hinten gekämmt – erzählt: »Dieses Haus und ich – das war Liebe auf den ersten Blick. Als ich es 1960 zum ersten Mal sah, habe ich gesagt: Hier möchte ich leben.«

Inzwischen wohnt er schon zum zweiten Mal in dem Haus. Nach 25 Jahren New York wollte Werner Baecker nach Deutschland zurück. Er wollte in München wohnen, in einem Haus wie diesem hier, an einem Park wie diesem hier. Doch es war nicht wie in New York. Nichts ist wie in New York. Die Stadt ist einfach unvergleichbar. Als Werner Baecker zu einem Interview wieder in New York war und an einem Abend im März – es regnete in Strömen – auf dem Weg von der Oper zu seinem Hotel an diesem Haus vorbeikam, packte ihn das Heimweh ganz fürchterlich: »Was habe ich nur gemacht, daß ich nicht mehr hier wohnen darf«, fragte er sich. Am nächsten Morgen ging er sofort zum Portier des Hauses und fragte nach einem freien Appartement.

»Das haben wir uns schon gedacht, daß Sie wiederkommen, Herr Baecker. Das geht allen Leuten so, die in dem Haus wohnten«, antwortete der Pförtner.

Werner Baecker bekam ein Einzimmer-Appartement im 21. Stock.

Werner Baecker vor der Skyline seiner Lieblingsstadt

»Ich bin glücklich, daß ich wieder in meiner Stadt leben darf.« Zudem hat er sein Appartement in München im Arabellahaus behalten. Werner Baecker hat mit seiner Fernsehsendung »New York, New York« das Amerikabild einer ganzen Generation mitgeprägt. Viele der erfolgreichen jüngeren Deutschen, über die ich in diesem Buch berichte, wie Thomas Zeumer oder auch Claudia Schiffer, kennen Werner Baecker aus ihren Teenagertagen. Sie saßen damals gebannt vor dem Bildschirm und hingen ihren Träumen nach, als sie die Bilder und Geschichten aus der aufregendsten Stadt der Welt verfolgten. »Werner Baeckers Sendung hat mich fasziniert«, sagt Thomas Zeumer. »Er hat mir die Stadt nahegebracht und meine Abenteuerlust, hierher zu kommen, erweckt. Ich hatte mir damals nicht träumen lassen, daß ich selbst einmal hier sein und Erfolg haben würde und daß ich Werner Baecker helfen konnte, ein Interview mit Claudia Schiffer zu bekommen. Das ist wirklich phantastisch.«

Werner Baecker ist zwar in Amerika nicht so bekannt, doch dafür um so mehr in Deutschland. Er hatte es wie kaum ein anderer verstanden, sensibel und fair Reportagen und Interviews durch alle Schichten der Bevölkerung zu machen und die Stadt New York über zwanzig Jahre lang den deutschen Fernsehzuschauern so nahe zu bringen, als ob sie wie die Kabelträger hinter der Kamera mit dabei gewesen wären.

»Bankbeamter hätte ich werden sollen, mit solider Grundlage für ein ausgeglichenes Leben. Das war der Wunsch meiner Mutter«, erzählt Werner Baecker. »Ich habe ihn nicht erfüllen können. Sie starb im Juni 1947.« Aus der tiefen Trauer um die geliebte Mutter riß ihn ein Brief vom Nordwestdeutschen Rundfunk. Man bot ihm an, ein Volontariat zu machen. Eine abenteuerliche Zeit, die den Rest seines Lebens bestimmen sollte. Die Rundfunkschüler wohnten nach dem Krieg auf einem Hotelschiff, das im Hamburger Hafen lag, zusammen mit Schauspielern, die gerade den Trümmerfilm *Menschen in Gottes Hand* abdrehten. »Das traf auf uns alle zu. Die ungewisse Zukunft und viele tausend Fragezeichen«, sagt Werner Baecker.

Die Höhepunkte und Enttäuschungen der darauffolgenden vier Jahrzehnte haben Millionen Rundfunkhörer und Fernsehzuschauer miterlebt. Zuerst allerdings waren es nur ein paar Fernsehzuschauer, die solch ein Gerät besaßen und 1953 bei der ersten Eurovisionssendung live dabei sein konnten. Werner Baecker berichtete über die Krönung von Königin Elizabeth von England live aus London. 1957 war er wieder in Hamburg und moderierte die erste Schaubude aus dem gläsernen Studio der Nordschau, das in der Innenstadt, direkt gegenüber der Staatsoper lag. Es war die erste Unterhaltungsshow im deutschen Fernsehen, die nach der berühmten New Yorker Today Show der NBC gestrickt wurde. Werner Baecker volontierte dafür mehrere Monate bei Dave Garroway, dem damaligen Moderator der Frühstücks-Show, die live aus einem Schaufenster im Rockefeller Center gesendet wurde. Die Kollegen in Hamburg zuckten zuerst verächtlich mit den Schultern über den amerikanischen Quatsch, den Werner Baecker vorhatte. Aus dem politischen Redakteur sei ein Entertainer, ein Ansager für Schlagermädchen oder Fußballspieler geworden, schimpften sie. Die Zuschauer dachten anders. Als die ersten Briefe kamen mit zustimmenden Kommentaren wie ›Ihr Lächeln begleitet uns die ganze Woche‹, gaben sich auch die neiderfüllten Kollegen geschlagen.

»In der ersten Zeit fand ich meinen neuen Fernsehjob, der mir ein Aufgeld von 75 Mark pro Woche brachte, alles andere als beneidenswert. Samstags, am Tage der Sendung, packte mich das Lampenfieber schon am frühen Morgen, und ich hätte am liebsten mit jedem Spaziergänger getauscht, der fröhlich ins Wochenende lief«, erzählt Werner Baecker. Das Lampenfieber war nicht unbegründet, denn oft gab es Absagen in letzter Minute. Dann mußten Baeckers Freunde alarmiert werden, die ihn niemals sitzenließen: Freddy Quinn, Heidi Brühl, Bubi Scholz, Hilde Knef oder Ingrid Andree. Viele dieser Freunde waren es auch, die Werner Baecker am 13. Oktober 1960 am Hamburger Flugplatz nach New York verabschiedet hatten.

»Eine klare Vorstellung für das New Yorker Großstadtmagazin, das ich produzieren sollte, hatte ich noch nicht. Ich wußte nur, daß es informierend und unterhaltend sein sollte, eine Ergänzung zu der rein politischen Berichterstattung, die aus Washington kam. Eine New Yorker Schaubude also«, sagt Werner Baecker. Es ging nicht alles glatt. Die ersten Versuche waren mehr als enttäuschend – was auch eigentlich niemanden hätte wundern sollen. Werner Baecker kam als One-Man-Show nach New York, er mußte sich Technik, Kameramann und Regisseur erstmal besorgen. Auch die Zeit, die man benötigt, um die ersten Kontakte zu machen und daraus eventuell zu einem Interviewtermin zu kommen mit einer etwas bekannteren Persönlichkeit. Das dauert und war damals schon schwierig. Werner Baecker hatte Glück mit zwei Personen, die ihm in den nächsten Jahren ungeheuer weiterhalfen. Zuerst mit einem jungen Mann, der angeblich viel vom Filmgeschäft verstand und den er als ganz frühen Yuppie in Erinnerung behält: Aktenkoffer mit Zahlenschloß, Nadelstreifenanzug, weißes Hemd und dezente Krawatte. »Er strahlte Zuversicht aus und beantwortete alle meine Fragen mit ›No problem‹«, erzählt Werner Baecker. Beim ersten Versuch mit Mister »No Problem« zu arbeiten, standen Werner Baecker allerdings die Haare zu Berge. Er hatte ein Interview mit Perry Como, der früher Friseur, dann Sänger war und schließlich als Entertainer mit der Perry-Como-Show bekannt wurde. Die Zusage für ein kurzes Interview hatte er nur deshalb gegeben, weil Ausschnitte aus seiner Show damals auch im deutschen Fernsehen liefen. Eine Hand wäscht die andere. Bitte keine bohrenden Fragen. Das war die Bedingung. Mr. »No Problem« hatte einen hochroten Kopf. Er führte Regie. »Für mich war das Interview trotz aller Einschränkungen ein kleiner Knüller. Eine persönliche Begegnung mit Perry Como hatte es im deutschen Fernsehen noch nicht gegeben«, erklärte Werner Baecker. Allerdings wollte Mr. »No Problem« das Gespräch mit Como ganz alleine schneiden. Als Werner Baecker nach zwei Tagen die Rohfassung sah, verschlug es ihm die Sprache. Perry Como war nur wenige Sekunden im Bild, er dagegen pausenlos und in Großaufnahme. Mr. »No Problem« sah das ganz anders: »Wer kennt in Deutschland schon Perry Como?« fragte er. »Dich kennen die Leute, dich wollen sie sehen...«

Nach den ersten Anfangsschwierigkeiten erwies sich Mr. »No Problem« dann als guter Griff, ebenso wie eine Mitarbeiterin aus England, die mit einem Princess Margareth-Akzent am Telefon die tollsten Interviewtermine an Land zog. »Die verkaufte mich am Telefon, daß mir die Ohren rot wurden«, sagt Werner Baecker. »Sie war so gut, weil sie den Leuten das Gefühl gab, wenn sie sich nicht von mir interviewen lassen, ist das ihre eigene Schuld, und sie gab ihnen zu verstehen, daß sie nie mehr in ihrem Leben eine solche Chance bekommen werden.«

Es hat funktioniert. Werner Baecker bekam Menschen vor die Kamera, die sich zuvor nie oder ganz selten interviewen ließen. Erinnert sei an Fritzi Massary, den berühmten Berliner Theaterstar der zwanziger Jahre, die sich damals schon über dreißig Jahre nach Beverly Hills zurückgezogen hatte und keine Interviews mehr geben wollte, bis Werner Baecker kam. Oder Tennessee Williams und Brecht-Interpretin Lotte Lenya, Witwe von Kurt Weill, dem berühmten Komponisten der Dreigroschenoper. Ohne Greta Keller, der bekannten Wiener Diseuse, die mit Welterfolgen wie »Wenn die Sonne hinter den Dächern versinkt« überall bekannt geworden war, wären die ersten Monate in New York noch viel schwieriger geworden. Sie kannte Gott und die Welt, und es sprach sich herum, wenn Greta in town war. Da kamen einfach alle, die damals berühmt waren (manche von ihnen mit dem Fahrstuhl, weil sie im Haus wohnten): Lotte Lenya, Vivien Leigh, Noel Coward, Sean Connery, Rudolf Nurejew und Burt Bacharach. »Ich saß mit staunenden Augen dazwischen«, sagt Werner Baecker, »und mein Notizbuch füllte sich mit Telefonnummern von Leuten, die auf der Erde wohnten. Mit Scarlett O'Hara, will sagen Vivien Leigh, war ich für den nächsten Tag zum Lunch verabredet, Burt Bacharach sah keine Probleme, Marlene Dietrich für ein Interview zu kriegen. Schließlich war Burt ihr liebster Arrangeur und Dirigent, der sie auf ihrer Deutschlandtournee begleitet hatte...« Insgesamt drehte Werner Baecker in den letzten 25 Jahren 200 Filme (Treffpunkt New York, Mitgebracht aus New York). Er wurde dafür mit dem Adolf-Grimme-Preis, dem Bundesverdienstkreuz Erster Klasse für seine Verdienste um die Vertiefung des Verständnisses zwischen Deutschland und Amerika ausgezeichnet und mit der Deutsch-Amerikanischen Verbundenheitsmedaille geehrt. Ein Mann, der trotz seiner Erfolge auf dem Teppich blieb.

»Ich hatte eigentlich nur Interviewpartner auf meiner Wunschliste, mit denen auch ich unbedingt reden wollte. Ich habe beispielsweise nie versucht, an Frank Sinatra oder Jackie Kennedy ranzukommen. Ich habe meine Interviewpartner auch nie in die Pfanne gehauen, wie das in Deutschland häufig üblich ist. Ich denke dabei an die ganzen neuen Talkshows, in denen die Gäste von den Moderatoren teilweise fürchterlich angegiftet werden. Das ist nicht fair. Denn Gast bleibt schließlich Gast«, meint Werner Baecker.

Auf seiner Wunschliste stand bis vor kurzem ein Name, dem Baekker ein Leben lang hinterhergejagt ist und den er nach ihrem Tode streichen konnte: Greta Garbo. »Ich habe sie ein paarmal auf der Straße gesehen und alle möglichen Kontakte eingesetzt, um an sie ranzukommen – aber leider vergeblich. Ich vermute, sie hat instinktgemäß richtig gehandelt. So behalten wir sie alle als bildschöne Frau in Erinnerung und nicht als altes, vielleicht auch dummes Frauenzimmer.«

»Meine schönsten Augenblicke hatte ich, wenn ich aus dem Studio kam. Ich fühlte mich immer wie ein Stierkämpfer, der dann am Schluß den Kampf doch noch überstanden hat. Das war für mich Erfolg«, sagt Werner Baecker, »und natürlich das Gefühl, den Fernsehzuschauern Spaß und Freude zu bereiten. Das war für mich die größte Belohnung. Ein Taxifahrer beispielsweise, der mich in Hamburg vom Flughafen abholte und zum Funkhaus fuhr und während der Fahrt kein Wort sagte. Als ich ihn fragte, was ich ihm schulde, antwortete er: ›Meine Frau würde mich erschlagen, wenn ich Geld nehmen würde. Es war mir eine Ehre, Herr Baecker.‹ Das macht mich glücklich und stolz. Wenn ich dann wieder in New York lande und den Brasilianer Julio sehe, der mit seinem Schild wedelt und mich seit fast zwei Jahrzehnten vom Flughafen abholt, und ich mit ihm über die schlechten Straßen Richtung Manhattan holpere und die Skyline sehe, bin ich glücklich, wieder in New York zu sein. Ich mag beide Welten, beide Welten haben ihren Charme. Doch in New York will ich weiter leben. Ich liebe New York, weil die Stadt eine ungeheure Dynamik verbreitet. In dieser Stadt ist jede Idee willkommen, hier gibt es das Beste und das Schlimmste, das Teuerste und Billigste. New York ist ein Spiegel, in dem sich die gesamte Welt widerspiegelt. Ich habe die Stadt unterschätzt, als ich 1985 wieder nach Deutschland zurück wollte. Ich habe unterschätzt, was die Stadt mir wirklich bedeutet. Man kann eigentlich nicht etwas abschreiben, was man 30 Jahre lang geschätzt hat. Ich habe zwar gesagt, daß die persönlichen Kontakte bei der Alltagshektik in New York auf der Strecke bleiben und ich gerne meine Freunde in Deutschland wiedersehen möchte, doch in München vermisse ich jeden Winkel New Yorks. Also bleibe ich in New York und bin einfach häufiger in Deutschland als bisher. Ich sage auch heute noch, daß ich an manchen Tagen New York hasse. Das ist normal und durchaus kein Widerspruch. New York ist eben so extrem, daß die Menschen zu dieser Stadt auch extreme Gefühle haben und äußern. Das einzige, was mich seit 30 Jahren wundert, ist, daß Leute immer wieder versuchen, hier Bürgermeister zu werden und die Probleme der Stadt lösen wollen. Ich glaube, New York ist einfach nicht zu lenken, eine absolut unregierbare Stadt, die Probleme kann keiner lösen. Wir sind hier der Magnet aller sozial Schwachen, hier gab es die höchste Welfare. Das gehört zu der Stadt, wie die Löcher und der Dreck in den Straßen und wie die Gefahr, die an jeder Ecke lauert. Das macht die Faszination aus, denn langweilig wie Stockholm am Sonntag nachmittag um 3 Uhr ist New York niemals.

MEIN PERSÖNLICHES NEW YORK:

RESTAURANTS:
Ich mag Hausmannskost wie Steaks und Idaho Kartoffeln, die besten Kartoffeln der Welt. *Gallagher's Steakhaus* [228 W 52], ein Treffpunkt für Baseball- und Footballspieler. Franz Beckenbauer geht dort gerne hin. *Petrossian* [182 W 58], ein Kaviarrestaurant für besondere Anlässe. *Tonio Roma* [1600 Broadway] hat die besten Spareribs, selbst die ganz reichen New Yorker, die sich alles leisten können, gehen häufig zu Tonio, ein sehr preisgünstiges Restaurant.

NACHTCLUBS:
Früher machte ich die Musiksendung Top Ten aus dem *Rubi Foot*, direkt neben *Gallagher*. Ich war in allen Clubs, *Limelight*, *Harry*. Alles zu seiner Zeit.

EINKAUFEN:
Ich bin ein leichtes Opfer für Anzeigen. Oft gehe ich zu *Bloomingdale*, verbringe dort viele Stunden und esse im *Train Bleu* im obersten Stock zu Mittag. Lebensmittel kaufe ich ausschließlich bei *Agostino* in der 57. Straße. Ein toller Service. Abgesehen davon, daß der Laden 24 Stunden geöffnet hat, steht da eine Batterie von Jungs in roten Uniformen, die mir alles einpacken und nach Hause bringen. Alles,

was den Alltag lästig macht, wird in New York organisiert. Ich bestelle die *New York Times*. Pünktlich jeden Morgen um 5.30 Uhr liegt sie vor meiner Tür. Jeden Morgen um 8 Uhr ist ein Boy von der Reinigung da, der meine Wäsche abholt.

AUSFLÜGE:
Johns Beach, das Acapulco von Harlem. Coney Island, der Spiegel der Unterklasse, jedes Wochenende fahren 2–3 Millionen Menschen hin. Ich war mit dem ehemaligen Hamburger Bürgermeister Sieveking da, er war beeindruckt.

HOBBY:
Kultur, Oper, Theater, Philharmonie. New Yorks Kulturangebot ist das beste der Welt.

HARLEM, BROOKLYN, BRONX:
Ich habe meine blauen Hemden für die Fernsehauftritte immer in Harlem, 125. Straße gekauft. Heute würde ich da nicht mehr hingehen. Sonntags fuhr ich mit der U-Bahn nach Brooklyn, Haltestelle Clark Street. Im *St. George Hotel* wohnten Arthur Miller und Norman Mailer. Der Blick auf Manhattan von der Fußgängerpromenade über den East River war überwältigend.

LIEBLINGSGEBÄUDE:
Rockefeller Center, mein Haus am Central Park South. Von dort im Winter auf den Park zu sehen, der einem bayerischen Gebirgsdorf gleicht. Eine Aussicht, die nicht zu schlagen ist.

DR. WOLFGANG MACK:

Ein Plastik-Pionier
aus dem
Schwarzwald

Ein erstaunlicher Mann, der gleich drei brillante Karrieren machte – heute mit 65 Jahren im Aufsichtsrat von sechs großen Firmen sitzt und zu den Plastik-Pionieren in Amerika zählt: Vergessen Sie die Geschichte vom Tellerwäscher zum Millionär. Was Dr. Wolfgang Mack erreichte, ist spannender und faszinierender. Er hat den »American Dream« für sich verwirklicht. Er hat sich aus bürgerlichen Kleinstadt-Verhältnissen in die Spitze der oberen Zehntausend in Amerika emporgearbeitet. Er ist heute auf seinem Gebiet als Plastikspezialist weltweit bekannt und anerkannt. Er hat Erfolg, er hat Geld, und er hat eine phantastische Familie. Kann soviel Glück wahr sein?

»Mir liegt es nicht, den großen Mann zu spielen«, sagt Wolfgang Mack. »Ich habe Glück und Erfolg gehabt, indem ich mich konsequent emporgearbeitet habe. Ich bin nach Amerika mit dem starken Willen gekommen, etwas Besonderes zu leisten. Daß ich es geschafft habe, in einem fremden Land mit einer anderen Sprache und Kultur, macht mich stolz.«

Im Garten seiner hübschen Villa an einem See in New Jersey weht die amerikanische Flagge. Wir sitzen im Garten mit Blick auf den herrlichen Pool, unter schönen alten Ahornbäumen. Eine friedliche Idylle, der ideale Ort, um Kraft und Energie zu tanken.

»Ich war damals einer der wenigen, die nach Amerika gingen. Es war noch ein großes Ereignis in den 50ern, nach Amerika auszuwandern«, erzählt Wolfgang Mack. Er wurde in Gengenbach geboren, einer kleinen idyllischen 10000-Einwohner-Stadt am Rande des Schwarzwaldes. Sein Vater Eduard war als Bürgermeister ein angesehener Mann. Sohn Wolfgang studierte an der Technischen Hochschule in Karlsruhe Verfahrenstechnik und wollte nach seinem Examen 1954 die Universitätslaufbahn einschlagen und vom Hilfsassistent zum Professor aufsteigen. Doch schon in seiner Assistentenzeit bekam er eines der so begehrten Fulbright-Stipendien für Amerika. Es sollte auf ein Jahr angelegt sein, veränderte jedoch sein ganzes Leben.

Wolfgang Mack fuhr mit dem Schiff – einem kleinen Frachter, in dem zwischen eingelassenen Wänden ein paar Auswanderer und Studenten transportiert wurden – von Rotterdam nach Hooboken, einem Stadtteil auf der anderen Seite des Hudson gegenüber von Manhattan. Die Schiffspassagiere wurden damals – meist war es eine äußerst turbulente Überfahrt, da die Schiffe sehr klein waren – nach der Ankunft mit der U-Bahn durch einen unterirdischen Tunnel unter dem Hudson hindurch nach Manhattan geschleust. Die U-Bahn endete in der Lobby des damals feinen Hotels *Martinique*, das heute ein Obdachlosenasyl ist.

»Für mich war das faszinierend«, erinnert sich Wolfgang Mack. »Ich konnte mir gar nicht vorstellen, daß es einen unterirdischen Straßenbahntunnel direkt in ein Hotel gibt. Ich stieg aus und war bereits in einer anderen Welt.«

Wolfgang Mack bestieg ein Taxi, um sich New York anzuschauen. Kaum saß er in dem gelben Gefährt, drehte sich der Fahrer zu ihm um und fragte: »Where do you want to go, mac?« Da war es mit seiner Fassung endgültig vorbei. Wolfgang Mack war sich sicher, daß die amerikanischen Behörden jeden seiner Schritte in New York überwachten. Wie hätte der Taxifahrer sonst seinen Namen wissen sollen? Er wußte damals natürlich nicht, daß »mac«,im Amerikanischen genauso ausgesprochen wie sein Familienname, ein üblicher Straßenjargon war, mit dem man einen jungen Mann anredete.

»New York war aufregend, New York war faszinierend. Ich ging die ersten Tage durch diese Stadt mit großen, staunenden Augen. Ich glaube, es gibt nichts Besseres für einen jungen Burschen, der aus einer süddeutschen Kleinstadt kommt«, erzählt Wolfgang Mack. Seine Augen glänzen vor Freude an die Erinnerung.

Das Stipendienjahr verbrachte er in Syracuse, einer weniger aufregenden Stadt im Bundesstaat New York, ungefähr 300 Kilometer entfernt.

Er studierte Wirtschaft und hielt Vorträge über die Unterschiede zwischen dem amerikanischen und deutschen Schulsystem. Kurz vor dem Abschluß seines Studiums mit dem MBA (Master of Business Administration) sprach ihn ein Vertreter der Firma *Grace* an, eine der größten Plastikherstellungsfirmen in den USA. Die großen Firmen infiltrierten damals mit Forschungsaufträgen in die Universitäten, um junge Nachwuchskräfte rechtzeitig für ihr Unternehmen zu gewinnen.

»Sie wollten, daß ich ein Jahr in New York und Memphis für sie arbeitete. Es war natürlich eine billige Art, sich Nachwuchskräfte anzuschauen«, erzählt Wolfgang Mack, »doch andererseits auch eine gute Chance für mich. Ich bekam 1000 Dollar im Monat, das war vergleichsweise ungefähr soviel, wie damals ein Volkswagen kostete.« Er arbeitete als Assistent in der Firma an einem Programm zur Herstellung neuer Kunststoffe, wie Plastik- und Styroporbecher und Kühlelemente. Das war so erfolgreich und brachte der Firma genügend Aufträge, so daß sie Mack sofort fest anstellten, mit der Aufgabe, für *Grace* die Plastikindustrie in Europa aufzubauen.

»Ich setzte mir eine Frist von 12 Monaten, wollte danach in Deutschland meinen Professor machen«, sagt Dr. Mack. Wie so oft spielte das Leben anders. Zuerst lernte er auf einem seiner Flüge TWA-Stewardeß Francesca kennen, wollte eigentlich vorerst nicht mehr so gerne für immer nach Deutschland zurück. Dann kam der große Erfolg bei seiner Firma hinzu, die ihn zuerst einmal zu Friedrich Flick nach Deutschland schickte. *Grace* hatte damals sehr vorausschauend zusammen mit einer Firma in Texas den Plan, in Europa ein Netz für Naturgas aufzubauen, das aus Venezuela und später aus Algerien in verflüssigtem Zustand angeliefert wurde. Friedrich Flick und Peter Grace, Inhaber der Firma *Grace & Company*, taten sich zusammen.

»Ich wurde in das Haus von Flick nach Düsseldorf in die Friedrichstraße abgerufen, um das zu organisieren«, erzählt Wolfgang Mack. In kurzer Zeit stieg er zum internationalen Manager und Direktor der europäischen Plastikindustrie-Niederlassungen auf. Er jettete von Amerika nach London, Paris, Mailand, Hamburg und Rotterdam, beaufsichtigte 10 Firmen und machte gleichzeitig seinen Doktortitel an der Universität Innsbruck.

»Ich war zuständig für die Technologie innerhalb der gesamten Überseeabteilung. Ich habe die neue Technologie, die unsere Firma entwickelte, von Amerika nach Europa gebracht und umgekehrt. Es

Wolfgang Mack und Ehefrau Francesca

war eine großartige Aufgabe, die Manager der europäischen Tochtergesellschaften davon zu überzeugen, daß sie die Technologie aufnehmen sollten. Ich traf dadurch sehr viele interessante Leute und konnte hervorragende Geschäftsverbindungen knüpfen, von denen ich teilweise noch heute profitiere.«

Gleichzeitig wurde Wolfgang Mack zu Gastvorträgen über die neuen Errungenschaften in der Plastikindustrie an Universitäten in Europa und Amerika geladen. »Ich gehörte mit zu den Plastik-Pionieren, machte mir aber damals schon die ersten Gedanken über die Wiederverwertung«, erklärt Wolfgang Mack.

Das war natürlich damals viel zu vorausschauend. Denn zu jenem Zeitpunkt – das war vor 20 Jahren – war die Welt verrückt nach Plastik. Es war die Errungenschaft des Jahrhunderts. Da wollte doch keiner was vom Wiederverwerten hören.

»Wenn ich bei meinen Vorträgen diese Überlegungen einfließen ließ, wurde ich fast ausgelacht, zumindest aber belächelt.«

Dann kam die neue Aufgabe von der Firma: den mittel- und südamerikanischen Markt aufzubauen. Wolfgang Mack, der fast die gesamte Zeit in New York, dem Hauptsitz der Firma, gewohnt hatte, sollte erst mal vorübergehend nach Mexiko ziehen, weil die Stadt als Stützpunkt, um Mittel- und Südamerika zu bereisen, ideal erschien.

Doch nicht nur beruflich, sondern auch privat ging der Erfolg des Schwarzwälder Plastik-Pioniers unaufhaltsam weiter. 1960 war die TWA-Stewardeß Francesca in sein Leben geflogen – auf einem Flug von Columbus nach Pittsburgh. Ausgerechnet in der tiefsten Provinz treffen sich zwei so weitgereiste Menschen. Es war mitten im Winter, und es herrschte ein heftiges Schneetreiben. Francesca, die zuerst dachte, es sei schon wieder einer dieser unzähligen Anmachversuche ihrer männlichen Fluggäste, war kühl und reserviert. Doch hatte sie die Ausdauer und Zähigkeit des Schwarzwälders unterschätzt. Das Liebeswerben erstreckte sich über ganz Europa. Man traf sich in London oder Zürich, Paris oder New York. Wolfgang versuchte, seine Geschäftsreisen häufig mit Francescas Flugplan zu koordinieren. Der Höhepunkt dieser romantischen Lovestory war Wolfgangs Heiratsantrag im wunderschönen Garten eines alten Klosters, genannt »Cloisters« in New York. Bis heute der Lieblingsplatz des Paares in der Stadt.

Gemeinsam zog man dann 1964 für die Firma nach Mexiko. Es war die goldene Ära für Ausländer in dem mittelamerikanischen Land. Man konnte sich wunderschöne große Villen leisten mit parkähnlichen Gartenflächen und unzähligen Dienstboten. Francesca lernte mexikanisch kochen und gab große Empfänge. Wolfgang hatte innerhalb kurzer Zeit den Markt im Griff.

»Ich war auf dem Höhepunkt meines Erfolges«, sagt er. »Irgendwie merkte ich aber, daß sich jetzt alles wiederholt. Es war höchste Zeit, sich nach etwas Neuem umzuschauen.«

Nach 12 Jahren erfolgreicher Arbeit für die Firma hatte Wolfgang Mack einen guten Namen auf dem Markt. Das nächste Angebot ließ nicht lange auf sich warten. Die deutsche Maschinenfirma *Werner und Pfleiderer* aus Stuttgart, damals der Mercedes unter den Maschinenbauern, bekannt durch die Herstellung von Geräten für Großbäkkereien, suchte einen Manager für die neue Tochtergesellschaft in Amerika.

»Das reizte mich«, erklärt Wolfgang Mack. »Einerseits war das zwar sehr risikoreich, weil die Firma in den Anfängen war. Andererseits eine große Herausforderung, weil ich zum ersten Mal selbständiger Unternehmer sein konnte.«

Er wurde Teilhaber der Firma, die er mit sieben Angestellten und einem Umsatz von einer Million Dollar übernahm. Innerhalb weniger Jahre vergrößerte er die Firma um das Zehnfache und den Umsatz um das Hundertfache.

»Ich vertrat die Politik, daß ein solches Unternehmen auf Dauer nur Erfolg hat, wenn in Amerika produziert wird. Es müssen Eigenleistungen im Fabrikationsbereich vorgezeigt werden können. Ich setzte mich gegenüber den sparsamen und vorsichtigen Herren in Stuttgart durch. In der Eigenproduktion lag dann letztendlich der Erfolg meines Unternehmens«, erklärt Wolfgang Mack.

Das lief 19 Jahre lang ausgezeichnet. Die Macks hatten eine Stadtwohnung in New York und ein Sommerhaus in Westport – wie es sich für einen erfolgreichen New Yorker gehörte.

»Der wirtschaftliche Erfolg, mein persönlicher finanzieller Durchbruch – wenn man so will – kam eigentlich erst durch die Teilhaberschaft an der Firma, die ich erfolgreich aufgebaut hatte«, erklärt Wolfgang Mack. »Als einfacher Gehaltsempfänger, der ich ja zuvor war, kommt man in der Regel nicht weit.«

So hat Wolfgang Mack in den 19 Jahren, in denen er die Firma managte, durch geschickte Investitionen Millionengewinne für die Firma erzielt und natürlich dadurch selbst phantastisch verdient. Was dann passierte, ist als deutsche Mittelstandstragödie in die Wirtschaftsgeschichte eingegangen und ist überall nachzulesen:

Die Firma *Werner & Pfleiderer* in Deutschland war Anfang der 80er Jahre durch Fehlentscheidungen an den Abgrund gewirtschaftet worden und mußte verkauft werden.

»Es hat mich tief getroffen«, erklärt Dr. Mack, »ich hatte das Geld für den Kauf bereitgestellt, doch verkauft ein stolzer deutscher Unternehmer lieber zu wesentlich schlechteren Bedingungen an eine große namhafte Firma wie *Krupp* als zu besseren Bedingungen an einen Emporkömmling aus Gengenbach. Das wäre in Amerika nicht passiert. Eine Lektion, die ich lernen mußte, und die mir zeigte, daß in Deutschland sehr tief verwurzelte Vorurteile bestehen zwischen den neuaristokratischen Industrieherren und einem Self-Made-Mann.«

Wolfgang Mack wurde zwar ausbezahlt und hätte sich danach eigentlich zur Ruhe setzen können. Doch Geld war nicht alles, die Firma war Teil seines Lebenswerkes. Aus dem Tief heraus besann er sich auf sein eigentliches Anliegen, das er schon seit über zwanzig Jahren im Kopf hatte: Die Plastikwiederverwertung, auch Recycling genannt.

Inzwischen war die Zeit reif dazu. Die Müllberge wuchsen und wuchsen. Keiner wurde mit ihnen fertig. Dr. Mack gründete die Firma *Polymerix,* stellte ein paar Ingenieure ein und tüftelte mit ihnen jahrelang, um das Recycling-Problem bei Kunststoffen in den Griff zu bekommen. Zwar gab es schon verschiedene Verfahrenstechniken, aber da mußte der Abfall – Flaschen, Tuben, Dosen, etc. – vor der Wiederverwertung erst sortiert werden, die Firmenaufkleber auf den Produkten abgelöst werden. Danach waren dann noch mehrere Wasch- und Reinigungsvorgänge nötig, um Essensreste oder sonstige Rückstände herauszuspülen. »Ein irrer Aufwand, der natürlich viel zuviel Geld kostete«, erklärt Dr. Wolfgang Mack.

Mit der neuen Technik und dem Endprodukt Trimex-Lumber, einem Kunststoffholz, gelang der Firma ein Volltreffer. Sein Kunststoffholz wurde mehrere Jahre unter verschiedenen klimatischen Verhältnissen und im Meerwasser gründlich getestet. Ergebnis: Es kann wie Holz zersägt werden und mit Nägeln und Feilen bearbeitet werden. Eine optimale Verwendung findet das recycelte Plastik daher heute beim Bau von Ufer-Befestigungen und Bootsanlagestegen. Dr. Mack meldete ein Patent darauf an und ging mit der Firma

Wolfgang und Francesca auf einem Plastikmüllberg

an die Börse. Eigentlich die Ironie des Fortschritts: Zuerst brachte Dr. Mack die Plastikprodukte in alle Welt. Jetzt zeigt er der gesamten Welt, wie sie den Plastikmüll entsorgen können. Ein erstaunlicher Mann, der mit seinem technischen Verständnis mit der Zeit ging.

Er scheint nie müde zu werden: »Heute beschäftige ich mich mit der Schöpfung neuer Technologien und trete den Beweis an, daß sie auch großtechnisch funktionieren. Mein Ziel ist erreicht, wenn ich meine Idee als funktionierend verkauft habe«, erklärt Dr. Mack.

Vor kurzem hat er beispielsweise eine neue Technologie im Bereich der Reinigung von Industrieabwässern mit Hilfe der Mikrobiologie an die weltbekannte Firma *Simon Engineering* verkauft. Die englische Firma ist führend im Anlagenbau und in Umweltentsorgungseinrichtungen.

Was wird als nächstes kommen? »Ich werde weiter Entdeckungen in neuen Technologiebereichen aufgreifen und sie in die großtechnische Anwendung umsetzen. Doch jetzt sind eigentlich meine Söhne dran«, sagt Dr. Mack.

Und die scheinen nicht minder begabt und erfolgreich zu werden:

... und auf ihrem Landsitz in Franklin Lakes, New Jersey

Christopher (23) hat bereits ein Solarauto konstruiert, Eric (21) studiert Umwelttechnik, David (20) Biologie und Wolfgang (27) ist chemischer Ingenieur.

Ist es in Amerika einfacher Karriere zu machen als in Deutschland?

»Karrieren gibt es auch in Deutschland«, sagt Wolfgang Mack. »Viele meiner Studienkollegen aus Karlsruhe sind heute große Leute in Industrie und Wirtschaft. Vom Verdienst her und von der Vermögensbildung ging es in Amerika mit Sicherheit schneller als in Deutschland. Damals war das Dollareinkommen 1 : 3 zur Mark – das war phänomenal. Was mich persönlich betrifft, so hatte ich den enormen Vorteil, daß ich ohne Einschränkungen international reisen konnte und mir dadurch wertvolle Geschäftsverbindungen aufbauen konnte. Deutsche Mittelstandsunternehmen machen allerdings einen entscheidenden Fehler«, kritisiert Dr. Mack, »sie versuchen, ihre Manager aus den Eigentumsverhältnissen herauszuhalten. Das hat zur Folge, daß sie nie wirkliche Unternehmergrößen heranziehen. Da ich in sechs Firmen-Aufsichtsräten vertreten bin, vier davon US-Töchter deutscher Unternehmen, weiß ich, wovon ich spreche.«

Was bedeutet Erfolg und Geld für ihn?

»Erfolg bedeutet für mich, daß ich genug Geld habe, um ein bequemes und schönes Leben zu führen und mir über die Zukunft keine Gedanken zu machen brauche. Geld ist ein Maßstab, den man ganz klar mit einbeziehen muß. Darüber hinaus lege ich viel Wert darauf, in Mitarbeiter- und Fachkreisen weltweit geschätzt und anerkannt zu sein. Es ist ja oft so, daß wenn sich Leute an ihr Lebenswerk erinnern, sie sich an Dinge erinnern, die nichts mit Geld zu tun haben. Ich beispielsweise lege keinen großen Wert darauf, Millionen anzuhäufen, sondern was mich interessiert, ist die Ganzheit, die Harmonie. Eine Familie, die alles sinnvoll macht. Eine Frau wie Francesca, die mich mein Leben lang bedingungslos unterstützt hat und ohne die ich heute mit Sicherheit nicht so weit und vor allem nicht so glücklich wäre. Ich bin natürlich in der angenehmen Situation, daß ich mir keine Sorgen mehr zu machen brauche. Ob ich noch weiter Geld verdiene, ist mir heute völlig gleichgültig. Ich finde das Reisen mit Francesca wichtig und genieße unsere Konzert- und Opernabende in New York City. New York ist für mich eine einzigartige Stadt, die durch Vielfältigkeit des Guten und des Bösen fasziniert. Die Stadt ist grausam, herzlos und hat kein soziales Auffangnetz. Entweder man rutscht durch die Maschen und vegetiert vor sich hin. Oder man ist erfolgreich und dann aber wirklich oben. Man hat das Gefühl, daß wenn man es geschafft hat, einem alle Türen offen stehen. Ich bin nicht verhärtet und werde nie müde, mich über die Skyline zu freuen, wenn ich nach La Guardia fliege und eine Schleife drehe oder über eine Brücke nach Manhattan reinfahre.«

MEIN PERSÖNLICHES NEW YORK:

RESTAURANTS:

Das Restaurant in der Metropolitan Opera, wegen der schönen Ambiance, *Cafe des Artists* [1 W 67], *Plaza-Hotel* zum Osterbrunch

MUSEUM UND GALERIEN:
Momo (Museum of Natural History), Kunstgalerien in Soho

PLÄTZE:
Rockefeller Center, *Plaza-Hotel*. Finanzdistrikt, zwischen all den Wolkenkratzern der Wallstreet hat man die kleinen Friedhöfe und Kirchen belassen. Die Leute essen auf den Grabsteinen zu Mittag, das ist idyllisch. Centralpark dagegen finde ich grausam. Ein Park, in dem man Angst haben muß, ist für mich kein Park.

FREIZEIT:
Konzerte und Theater im Lincoln Center, Oper in der Metropolitan. Weltweite Reisen ein paar Mal im Jahr nach Europa oder nach Puerto Rico in der Karibik.

WOCHENENDE:
Es macht uns Spaß, einfach immer wieder neue Hotels und Restaurants auszuprobieren.

LITERATUR:
Historische Schriften über die Eroberung von Manhattan

STADTTEILE:
Den Botanischen Garten in der Bronx. Brooklyn Heights ist eine wunderschöne Wohngegend. Harlem, das faszinierende Nebeneinander von Arm und Reich.

KURT MASUR:

© *Gert Mothes*

Der Dirigent
der Stadt, die niemals schläft

Als mir der Posten des Musikdirektors der New Yorker Philharmonie im Sommer 1990 angeboten wurde, war ich überrascht, fühlte mich geehrt und offen gestanden etwas verwirrt. Ich fragte mich, ob ich die Energie dafür würde aufbringen können. Aber ich habe dieses Angebot als schicksalshaft empfunden und deshalb zugesagt. Ich wußte aber auch, daß sich mit dieser höchst wichtigen Tätigkeit mein Leben völlig verändern würde.«

So begann das Gespräch mit Kurt Masur in seinem Büro in der New Yorker Philharmonie im Lincoln Center. Als Maestro Masur, seit über 20 Jahren der große, bärtige, höchst geschätzte Dirigent und Musikdirektor des Leipziger Gewandhaus Orchesters, sein Amt als Musikalischer Direktor der New Yorker Philharmonie im September 1991 antrat, stellte er sich nicht nur vor ein Orchester, sondern vor eine ganze Stadt. Für die New Yorker ist Musik so zentral und wichtig wie ihr geliebter Central Park.

Sicher steht der Deutsche Kurt Masur im krassen Gegensatz zu seinen drei Vorgängern, dem sprühenden amerikanischen Genie Leonard Bernstein, liebevoll »Lenny« genannt, dem kühl kalkulierenden Franzosen Pierre Boulez und dem in Bombay geborenen, viel bewunderten, musikalisch aber eher unsteten Zubin Mehta. Doch als das Komitee der Philharmonie nach längeren Beratungen unter einer großen, ausgezeichneten Dirigentenschar der Weltklasse den stillen Masur an die Spitze des wichtigsten Orchester der Welt setzte, haben die New Yorker ein Stück neuer deutscher Geschichte verpflichten können: die Lichtgestalt der Wende.

Ein deutscher Held für Amerika: die erste Ost-West-Berühmtheit im internationalen Jetset.

Mit dem freudigen Titel »Maestro of the Moment« hieß das Magazin der *New York Times* den Meister in seiner Septemberausgabe willkommen. Kurt Masur hat die sensationellste und zugleich seltsamste Karriere des neuen Deutschlands geschafft.

Sein Lebenslauf von 1946 bis heute ist ein demütiger Dienst an den großen deutschen Klassikern – harte musikalische Präzisionsarbeit. Ein großer Humanist, der für einen Augenblick der Weltgeschichte

Politiker wurde, damit sich die Geschichte zum Guten wende. Nicht erst am 9. Oktober 1989, der die Wende einleitete, sondern schon Monate vorher: am 10. Juni.

Das war, um in der Bühnensprache zu bleiben, die Generalprobe. Vopo und Stasi verhafteten auf den Straßen in Leipzig junge Musikanten, die dort ohne Genehmigung aufgetreten waren. Als Kurt Masur davon erfuhr, lud er Betroffene, Angehörige der Sicherheitsstreitkräfte, der Parteien und der Stasi ins Foyer des Gewandhauses, insgesamt 650 Menschen. Er lockerte die Atmosphäre mit einem Leierkasten auf, die Genehmigungsverfahren für Straßenmusikanten wurden geändert. Partei und Polizei waren sichtlich erleichtert, daß sie sich Berlin gegenüber auf die Autorität Masurs berufen konnten, der Schlimmeres verhütet habe.

Am 9. Oktober war die Situation dann weitaus gefährlicher. Die Sicherheitskräfte hatten scharfe Munition, und auf den Straßen waren nicht eine Handvoll Musikanten, sondern 70 000 Demonstranten, die in Sprechchören riefen: »Wir sind das Volk.«

»Wir hatten entsetzliche Angst«, erinnert sich Kurt Masur. Es war eine ungeheure Spannung in der Stadt, eine Siedehitze, die jeden Moment in einem Blutbad explodieren konnte. »In stundenlangen Gesprächen in meiner Wohnung versuchte ich die drei zuständigen Bezirkssekretäre zu überzeugen, daß die Sicherheitskräfte nicht eingreifen sollten.«

Egon Krenz hat diesen humanen Entschluß später für sich reklamiert und gesagt, er habe dafür gesorgt, daß nicht geschossen wurde. Kurt Masur: »Das ist einfach nicht wahr. Krenz hat zum ersten Mal um 19 Uhr 15 in Leipzig angerufen, als die Demonstration schon fast vorbei war. Da sagte er, daß er unsere Maßnahmen decke. Bis dahin lebten wir jede Minute in der panischen Furcht, daß mit einer Entscheidung aus Berlin ein Schießbefehl kommen würde.«

Diese eine Stunde und 15 Minuten zwischen Demo-Beginn um sechs Uhr und der Rückendeckung aus Berlin um 19 Uhr 15 haben die Wende ermöglicht – und Kurt Masur wurde ihr Held. Die Betonköpfe werden ihm das nie verzeihen. Wie sehr sie ihn dafür haßten, zeigte die erste Septemberwoche 1991 – wenige Tage vor Kurt Masurs Eröffnungskonzert in New York: Sie gruben eine alte Akte hervor, um den Helden der Wende zu beschmutzen. Ein Autounfall am 26. April 1972 auf der Autobahn Berlin–Leipzig. Masur geriet mit seinem Auto, einem Mercedes 220, auf die Gegenfahrbahn. Neben ihm saß seine zweite Ehefrau Irmgard, auf dem Rücksitz die kleine Tochter Carolina. Der Mercedes prallte frontal gegen einen entgegenkommenden Trabi. Die beiden Insassen und Masurs Frau Irmgard starben, die kleine Tochter und er kamen schwerverletzt ins Krankenhaus. Masurs Feinde sagen: Die SED hat den Fall vertuscht.

Masur: »Der Staatsanwalt war der Meinung, ich sei durch den Tod meiner Frau, die ich immer noch liebe, bestraft genug. Er stellte das Verfahren ein.« Diese Geschichte aus seiner Vergangenheit kam ausgerechnet vor seiner Premiere in New York ans Licht. Die amerikanische Zeitung *New York Newsday* porträtierte: »The Dark Side of a Heros Life«.

Kurt Masur, der heute noch unter den Folgen des Unfalls leidet, weil er nicht mehr in der Lage ist, den kleinen Elfenbeinstab des Dirigenten zu halten, sagte zu den Reportern: »Ich habe damals eine Frau verloren, die ich bis heute noch sehr liebe.«

Tatsächlich, so berichtet der Friedhofsmeister, der das Grab von Irmgard Masur betreut, kommt der Professor regelmäßig mit seiner Familie zum Friedhof. Masur ist seit 17 Jahren in dritter Ehe mit der japanischen Sopranistin Tomoko verheiratet. Sie respektiert das hohe Andenken, das ihr Mann seiner Ex-Frau gegenüber bewahrt.

»Man sollte die Vergangenheit bei uns natürlich aufarbeiten. Verantwortliche Leute sollten jedoch unter Ausschluß der Öffentlichkeit darüber befinden, ob jemand schuldig ist, so daß nicht mit Stimmungsmache und Gerüchten Rufmord betrieben wird. Versuchter Rufmord ist das Infamste, was im Moment in Deutschland im Gange ist. Eine weiße Weste zu haben ist ein schönes Gefühl, doch wenn man wirklich ehrlich ist, hat sie keiner von uns.«

Diese Worte von Kurt Masur klingen noch lange nach. Zum Glück war der schmähliche Versuche, den Meister zu diffamieren, schnell gescheitert, und es klangen die Töne der friedlichen Demonstration in Leipzig nach. Kurt Masur ist einer der Helden der Wende, ohne ihn wäre das Stück Geschichte nie geschrieben worden.

Die *New York Times* schrieb in einem offenen Brief an Kurt Masur: »So traumatisch die deutsche Wiedervereinigung war: Sie wird sich vielleicht als weniger schwierig erweisen als die Zusammenführung der alten und neuen Kulturen, die hier erforderlich sein wird. Wir Amerikaner sind der hohen europäischen Kunst lange hinterhergejagt. Als sie hier anfing zu blühen, hat sie sich tief verwurzelt... Sie kommen nach New York voller Vertrauen in ihre heimatliche musikalische Sprache. Sie sind der erste Repräsentant einer zentralen europäischen Tradition, der Erbschaft für unsere Orchester und die Ihren. Das einzige Problem ist, daß diese Tradition und ihre Umsetzung sich in einer Krise befinden. Die Versuchung wird sein, auf diese Krise zu antworten, indem man Zuhörer durch Verführung gewinnt, bestmögliche Unterhaltung einer größtmöglichen Zahl von Menschen anbietet. Aber ein solches Unternehmen umgeht die Krise nur, ja könnte sie sogar nähren. Eine Konfrontation mit den Problemen würde bedeuten, daß Sie nicht nur der Chefdirigent der Philharmoniker würden, sondern eine vergleichbare Funktion wie in Leipzig ausübten: die einer kulturellen Leitfigur für die Stadt.«

Dawn Riggs, Vorsitzende des Orchesters, betont: »Wir haben mit Kurt Masur einen Leiter gefunden, der über jeden Zweifel an der Moral oder musikalischen Integrität erhaben ist.«

Die Musiker der New Yorker Philharmonie träumen davon, mit ihrem neuen Maestro eine Partnerschaft zu entwickeln, die das Orchester wieder zum wichtigsten der Welt macht.

Masur ist ein Musiker der großen emotionalen Reserven, der mit 64 Jahren über einen reichen Erfahrungsschatz im Dirigieren und über ein großes musikalisches Repertoire verfügt. Sein musikalischer Werdegang ist beeindruckend. Masur, geboren am 18. Juli 1927 im schlesischen Brieg, studierte an der Leipziger Musikhochschule Klavier, Cello und Pauke sowie Dirigieren. Im Anschluß an sein Studium wurde er Übungsleiter am Landestheater Halle, später Kapellmeister an den Opernhäusern Erfurt und Leipzig. 1955 wurde er Dirigent der Dresdner Philharmonie und kehrte 1958 als Generalmusikdirektor zur Oper am Mecklenburgischen Staatstheater in Schwerin zurück. Von 1960 bis 1964 war Masur Leitender Direktor der Komischen Oper in Berlin, wo er mit Professor Walter Felsenstein, einem der einflußreichsten deutschen Regisseure, zusammenarbeitete. Die Welttourneen der Komischen Oper trugen wesentlich zur internationalen Anerkennung Masurs bei. 1967 wurde er zum Chefdirigenten der Dresdner Philharmonie und 1970 schließlich zum Musikdirektor des Gewandhaus Orchesters Leipzig berufen. Seit 1988 ist er auch Hauptgastdirigent der Londoner Philharmonie.

Zweifellos kommt Kurt Masur als eine Art Energiespender zur New Yorker Philharmonie, um die Arbeit des Orchesters neu zu beleben. Er selbst sagt, er wolle der New Yorker Philharmonie einen neuen Geist geben, eine neue »raison d'être«. »Ich übernehme von Zubin Mehta ein Orchester, dessen Fähigkeiten schier unbegrenzt scheinen. Ich hoffe, daß unser gemeinsames Wirken den Stolz der New Yorker, eines der besten Orchester der Welt zu besitzen, immer mehr wachsen läßt.«

Masur hatte als Gastdirigent schon ein Dutzend Mal die Gelegenheit, dieses Orchester kennenzulernen, doch was er mit der »raison d'être« meint, wurde in seinen ersten Eröffnungskonzerten überdeutlich. Musikkritiker James Oestreich (*New York Times*) schrieb: »Herr Masur hat die Aufmerksamkeit der Musiker und auch ihre Vorstellungskraft schnell in seinen Bann gezogen. Die Philharmonie erklang wie ein neu belebtes Orchester. Was diesen Konzerten den besonderen Glanz verlieh, war Masurs tiefe Beziehung zur Musik, die in seiner Art zu dirigieren zum Ausdruck kommt. Ohne Taktstock und mit einer minimalen Gestik entlockt der Maestro dem Orchester exakteste Phrasierungen und ein fein abgestimmtes Klanggefühl. Streichinstrumente und Flöten waren besonders klar und reich artikuliert, während die Höhepunkte emotional geladen und doch kontrolliert waren.«

»Man könnte sagen, ich sei ein romantischer Dirigent, weil ich ein

Kurt Masur in Aktion, © Chris Lee

romantischer Mensch bin«, sagt Masur. »Aber ich bemühe mich sehr, nicht sentimental zu sein. Egal ob ich Bach, Haydn, Mozart, Beethoven, Brahms oder Bruckner dirigiere. Ich stelle gerne ein klares und fundiertes Musikkonzept vor. Das heißt, ich arbeite gerne innerhalb der Struktur der Musik, nicht nur innerhalb des emotionalen Klimas.«

In den rund 20 Jahren vor der deutschen Vereinigung war Masur durchaus als ostdeutscher Dirigent bekannt. Während dieser Zeit reiste er durch ganz Europa und die Vereinigten Staaten, sowohl als Gastdirigent als auch mit dem Leipziger Gewandhaus Orchester, das er seit mehr als 20 Jahren leitet. Allein in Nordamerika dirigierte er über 250 Konzerte. Seit seinem USA-Debüt 1974 mit dem Cleveland Orchestra hat er jedes wichtige amerikanische Orchester geleitet, darunter eben auch die New Yorker Philharmoniker. Seine Gastverpflichtungen brachten ihn mit hochangesehenen Ensembles zusammen, wie das Berliner, das Wiener, das Tschechische, das Leningrader und das Stockholmer Philharmonische Orchester, aber auch die Londoner, die Royal und die Münchner Philharmonie sowie das Orchestre National de Paris. Das Israel Philharmonic Orchestra dirigierte Masur sowohl in Tel Aviv als auch während einer Tournee zu wichtigen Festivals in den Vereinigten Staaten. Er hat darüber hinaus mehr als einhundert Aufnahmen für verschiedene große Schallplattenfirmen eingespielt. Trotz seines neuen Lebens in New York kehrt Kurt Masur ganz entschieden weder Deutschland noch seinem geliebten Gewandhaus Orchester den Rücken.

»Nach all den Veränderungen in Deutschland konnte ich das Orchester nicht einfach im Stich lassen.« Zwei Orchester zu dirigieren ist eine neue und bereichernde Erfahrung für Masur. Er findet, die Arbeit mit dem einen komme der Arbeit mit dem anderen zugute, auch wenn er jetzt seine Zeit zwischen beiden Orchestern sorgsam einteilen muß. »Man kann ein Orchester nicht allzulange verlassen, weil der Schwung, den man aufgebaut hat, nachläßt. Aber all das ist geregelt. Ich werde sowohl für das Gewandhaus als auch für die Philharmonie genug Zeit haben. Ich würde sagen, daß ich mit dem Gewandhaus eine wunderbare Ehe führe und in die New Yorker Philharmonie frisch verliebt bin.«

Da sein Engagement bei den Philharmonikern auf fünf Jahre läuft, hat er New York zu seinem Wohnsitz gemacht. »Ich kenne New York ziemlich gut und bin einfach gerne hier. Ich mag die New Yorker. Ich mag ihre Offenheit. Ich mag ihre Bereitschaft zu helfen, wann immer sie können. Selbst wenn man als Fremder herkommt, entdeckt man, daß New York wirklich ein großes Herz hat. Man muß sich nur die Zeit nehmen zu lernen, wie die Menschen wirklich sind.«

Obwohl er das Tempo des Lebens in Manhattan schätzt, haben sich Kurt Masur, seine Frau und der zwölfjährige Sohn Ken David entschlossen, in einer ruhigen Gegend im Norden der Stadt zu wohnen.

»Ich meine, wenn man eine Menge Dynamik in sich hat, und als Musiker müssen Sie viel Dynamik besitzen, ist es sehr wichtig, ein Zuhause zu haben, in dem man sich ausruhen und still sein kann, wo man hingehen und sich wieder aufladen und mit sich selbst kommunizieren kann.«

Er wird seinen Ruhepol in »Rye«, einer kleinen Stadt zwei Stunden nördlich von New York, schätzen, denn er wird die Kraft wie noch nie in seinem Leben brauchen. Normalerweise ist ein Dirigent schon mehr als beschäftigt, mit einem Orchester erfolgreich zu sein. Kurt Masur sucht die doppelte Herausforderung. Erfolg bedeute für ihn nicht, eine Art abstrakter Perfektion zu erzielen. Erfolg heiße vielmehr, daß das Publikum die Bedeutung und den Geist der Interpretation verstehe und davon berührt werde. Von der Musik berührt zu werden, sie so wiederzugeben, daß sinnträchtige Hörerfahrungen neu belebt werden können, ist für Masur die bevorstehende Herausforderung schlechthin.

»Ich habe nie versucht, mich zu spezialisieren. Statt dessen versuche ich, tief einzudringen in den Stil jeder Zeit und jedes Komponisten, den ich dirigiere. Es ist eine Frage, in den tiefsten wahrsten Geist der Musik einzutauchen. Ich gehe immer den Weg des Komponisten. Es ist immer der Komponist, der uns führt. Es ist immer der Komponist, der spricht.«

MICHAEL VON POELNITZ:

Der junge Kennedy aus Franken

Schon in der Schule nannte man ihn den Amerikaner. In erster Linie, weil er eine verblüffende Ähnlichkeit mit dem jungen John F. Kennedy hatte. Das schmale, feine Gesicht nahm in Sekundenschnelle solch energische Züge an, daß es keiner wagte, ihm zu widersprechen. Auch die sonst warmen braunen Augen konnten sich bei Bedarf zu engen schmalen Schlitzen zusammenziehen und anderen Menschen den nötigen Respekt einflößen. Michael von Poelnitz wußte schon als kleiner Junge ganz genau, was er wollte. Er ließ sich durch nichts beirren. Weder durch seine blaublütigen Vorfahren, die ihm den Titel Baron von Poelnitz vererbten, noch durch das große väterliche Schloß in Franken, in dem er aufwuchs. Auf die langweilige, sich bei jedem Verwandtenbesuch wiederholende Frage: »Na kleiner Mann, was willst du einmal werden?« antwortete Michael sehr ernst und bestimmt: »Ich werde Chef.«

An Selbstbewußtsein und Selbstvertrauen mangelte es dem jungen Baron schon damals nicht. Am liebsten waren ihm die Winterabende, wenn sich die Familie gemütlich vor dem Kamin versammelte und die Großmutter Karten legte. Wie gebannt verfolgte Michael die Bewegungen und die Mimik der Oma und hörte ihr fast andächtig zu, wenn sie zu ihm sagte: »Michael, du wirst dein Glück im Ausland machen.«

Vierzig Jahre später: Wir besuchen Michael von Poelnitz auf seinem Landsitz wenige Meilen westlich von New York. Inzwischen ist er dreifacher Doktor und in der Pharmaindustrie in New York erfolgreich tätig.

Die Hofeinfahrt ist von schönen alten Laubbäumen gesäumt. Eine Kinderschar vergnügt sich mit einem ausrangierten Golfauto. Das philippinische Kindermädchen stürzt atemlos hinter dem viel zu schnell fahrenden Gefährt her. Direkt neben der langgezogenen Villa im angrenzenden Waldgebiet hört man das Plob der Tennisbälle. Michael von Poelnitz spielt mit einem Nachbarn, der mit Schläger und Kindern aus einer Villa in der Nähe angereist ist. Bis zu hundert Kilometer Entfernung hat man hier schnell auf dem Kilometerzähler, auch wenn man nur zu dem Freund um die Ecke gefahren ist. Die

Landhäuser stehen in einem langgezogenen Waldgebiet, das mit Golfplätzen, Reit- und Tennisvereinen im Stil der altenglischen Clubs angelegt ist.

Michael von Poelnitz spielt ein dynamisches, sportliches Tennis. Als uns der junge Baron federnden Schrittes zur Begrüßung entgegenkommt und ein spitzbübisches Lächeln über seine Mundwinkel zuckt, ist die Ähnlichkeit mit John F. Kennedy wirklich nicht aus der Luft gegriffen. In seiner Wohnhalle hängen zwischen alten englischen Möbeln und schönen Stücken aus der Zeit des Frankfurter Barocks unzählige finster dreinblickende Ahnen in schweren Goldrahmen. Früher hätte er keinen Wert auf seine Abstammung gelegt. Es sei ihm eher lästig gewesen, der alte Kasten mit den vielen Zimmern und die vielen Verwandten, die wie Fische nach drei Tagen anfangen zu stinken, erklärt er.

»Ich war das schwarze Schaf der Familie, als ich mit 24 Jahren nach Amerika ausgewandert bin. Doch inzwischen hat sich das gelegt. Meine Familie bewundert meine Durchsetzungskraft und meinen Erfolg. Und umgekehrt habe ich in Amerika gelernt, Tradition und Familie zu schätzen.« Die Bilder seiner Ahnen hat er damals auf Leinwand aufziehen lassen, weil ihm das Geld für teure Kunst fehlte. Heute dagegen gefällt es ihm sogar: Die Ahnengalerie geht bis zum Jahre 1138 zurück.

Die Vorfahren kommen aus einem kleinen Ort in der Nähe von Zwickau. Nach den lutherischen Kriegen ging die Familie ins Fränkische und lebt seit 1630 in Ansbach.

Michael studierte nach dem Abitur in Mainz Medizin. Obwohl es ihm im Laufe der Zeit klar wurde, daß er auf keinen Fall Arzt werden wollte, zog er das Studium mit Examen in 12 Semestern durch und machte seine Medizinalassistentenzeit. »Die Patienten fühlten sich bei mir wohl. Ich habe selbst nach den schwersten Operationen immer für Stimmung gesorgt«, sagt Michael. Doch eigentlich war Studium, Examen, Beruf ein Zugeständnis an seine, sehr auf Traditionen bedachte Familie. Kaum hatte er alles zum Abschluß gebracht, mit 24 Jahren, verwirklichte er seinen Kindertraum und ging nach New York.

»Ich hatte zwar Großes vor, doch was genau, war mir nicht so klar«, erzählt Michael. »New York war mein Traum. Aber als ich endlich ankam, sah die Realität ganz anders aus. Ich hatte das Gefühl, die Stadt mit ihren tausend Möglichkeiten reißt mich in Stücke. Ich trudelte im Sog dieser Millionen Menschen und verlor den Boden unter den Füßen. Man muß in dieser Stadt ganz genau wissen, was man will, nur dann kann man es schaffen. Ich war zu dem Zeitpunkt einfach noch nicht soweit. Ich zog die Konsequenzen und ging nach Philadelphia. Ich hatte die Adresse eines Psychiaters, bei dem ich mich vorstellte. Er erklärte mir, wenn man von der Psyche der Menschen etwas kennenlernen will, muß man die Extreme studieren. Ich solle mich doch in einer geschlossenen Anstalt testen. Sechs Wochen lang ließ ich mich in einer brutalen Anstalt einschließen, mit kräftigen, schwarzen Assistenten, die mit Interesse meine Auseinandersetzung mit den Schwerkranken beobachteten, ohne jedoch dem jungen, weißen Doktor, wie sie mich nannten, auch nur im geringsten zu helfen. Es kam zu Schlägereien, die ganze Palette der menschlichen Psyche tobte vor mir. Das hat mich innerlich so stimuliert und aufgeregt, daß ich nächtelang studierte und die ganze Psychiatrie in wenigen Monaten in meinen Kopf paukte. Ich bekam dann meine ersten Patienten, schloß an der Universität meine Ausbildung ab.

Es war eine aufregende Zeit, da in Philadelphia die Topleute der Psychiatrie lehrten und ich durch alle Abteilungen rotieren konnte. Ich lernte damals meine Frau Audrey, eine Medizinstudentin, kennen. Sie mußte mit mir durch alle Stadien der Therapie, und wir sind uns innerhalb kurzer Zeit intensivst begegnet. Audrey kam aus einer ganz anderen Welt als ich. Sie stammt aus einer streng jüdischen Familie in Brooklyn, die mich als Schwiegersohn lange Jahre nicht akzeptieren wollte. Wir lernten in meiner Ausbildung miteinander und füreinander, wie wir sind und wie wir mit unseren Welten fertig werden können. Unsere Beziehung wurde dadurch sehr eng und ist auch bis heute krisensicher geblieben. Nach der Facharztausbildung der Psychiatrie wußte ich endlich, was ich anstrebte – ich wollte in eine große Firma und, wie ich früher schon als kleiner Junge sagte,

Chef der Firma werden. Das war auch im Endeffekt mein Motor, der mich vorwärts trieb: Ich wollte nach New York zur pharmazeutischen Firma *Merck*, eine der größten Arzneimittelfirmen Amerikas. Michael zog mit Audrey nach Manhattan in ein Studentenappartement für 120 Dollar im Monat an der 69. Straße auf der Ostseite. Während Audrey ihr Praktikum als Ärztin machte, saß Michael über den Büchern der klinischen Pharmakologie – sein drittes Studium.

»Trotz intensivster Arbeit genoß ich die Stadt. Ich gehörte zu den Joggern, die frühmorgens durch den Central Park rannten, und entwickelte die für New York typische Überlebensphilosophie: Jeder einzelne hat das Recht auf Erfolg. Alle kommen hierher mit dem Wunschtraum, ›wenn ich mich hier hinsetze und weiß, was ich will, wird aus mir etwas‹. Jeden Morgen joggte ich an einem koreanischen Laden vorbei. Der Laden wurde für mich der Inbegriff des Überlebens und des Erfolges in New York.«

Der Ausflug zu diesem kleinen koreanischen Laden, es gibt sie an jeder Ecke in New York, erwähnt er, weil dieses Geschäft so typisch für die Erfolgsstrategie in New York ist. Da kommt eine ganze Familie aus Korea, einschließlich Oma und Opa und unzähliger Kinder und pachtet so einen kleinen Gemüse- und Obstladen an einer Straßenecke. Die gesamte Familie hat nur ein Ziel vor Augen, den Erfolg des Geschäftes, und mit dem Erfolg das Geld und die Möglichkeit, das begabteste ihrer Kinder auf die Universität zu schicken. Die Familie arbeitet dafür rund um die Uhr, das Geschäft hat 24 Stunden geöffnet. Einer putzt und poliert die Früchte, der nächste hockt auf einem Schemel auf der anderen Seite des Trottoirs und bewacht den Laden, einer schneidet die Blumen zu, die Oma preßt den ganzen Tag frische Säfte. Selbst wenn man in dem Geschäft gegen vier Uhr morgens frischen Karottensaft oder Grapefruitsaft verlangen würde, gäbe das keine Diskussion. In den meisten Geschäften dieser Art gibt es eine frische Salatbar – auch die ist 24 Stunden frisch und oft auch mit herrlichen koreanischen Spezialitäten angereichert. Die Familie spart wie verrückt, um eben den Besten auf ein teures amerikanisches College zu schicken. Derjenige, den der Familienrat auserkoren hat, steht

M. v. Poelnitz mit Henry Kissinger

dann unter dem unheimlichen Druck, der Beste zu werden, zu studieren, Geld zu verdienen und die Familie dann mit sich zu ziehen. Wenn er es geschafft hat, wird der Laden aufgegeben, und es kommt die nächste Einwandererfamilie, die ebenfalls willig ist, so zu schuften...

Diese Menschen verdienen mit Sicherheit nicht einen Dollar pro Stunde, aber sie ziehen alle an einem Strang und ziehen sich damit hoch. Ziemlich unvorstellbar für die Deutschen, aber eben ein typisches Beispiel dafür, daß es in Amerika trotz Flaute und Wirtschaftskrise vielen Nationen durch Fleiß und Ideen immer noch gelingt, erfolgreich zu sein.

Am 24. März 1980 hatte Michael von Poelnitz sein erstes großes Erfolgserlebnis in New York. Er hatte, wie geplant, nach seinem dritten Studium der Pharmakologie einen Job bei der Firma *Merck* in der Forschungsabteilung bekommen. Es war nicht sonderlich schwierig gewesen, da Michael nicht nur drei Examen vorweisen konnte, sondern auch das nötige Selbstbewußtsein hatte, das die Amerikaner so sehr schätzen. Drei Jahre Forschung in einem Pharmaunternehmen ist der schwierigste und schlimmste Einstieg, nicht nur wegen der zahlreichen Tierversuche, sondern auch wegen der oft zwiespältigen Ansätze in der Forschung. Auf den Tag genau, am 24. März drei Jahre später, hatte Michael sein nächstes Ziel erreicht und übernahm in der Firma eine neue Aufgabe: Die klinische Entwicklung eines neuen Produktes in der Marketingphase.

»Das hatte ich wohl so gut gemacht, daß man auf mich aufmerksam geworden ist und ich plötzlich einen Mentor hatte. Das ist ein sehr wichtiger Punkt in solchen Großunternehmen, nur mit einem Mentor kann man die Karriereleiter der Begabung und Eignung gemäß hochklettern. Mein Mentor wollte mich zunächst als medizinischen Direktor nach Deutschland schicken. Doch ich weigerte mich. Ich erklärte ihm in meiner sehr direkten und entschlossenen Art, daß ich General Manager der Firma werden wollte. Es ist wirklich auch das beste Erfolgsrezept. Man nehme sich ein Ziel vor, steuere darauf zu, mache aber auch jedem klar, daß man dieses Ziel hat. Wenn man es erreicht hat, sucht man sich das nächste ...«

Daraufhin wurde Michael von Poelnitz zunächst als Marketing Direktor nach Belgien geschickt. Ohne jegliche Marketingerfahrung, aber durch ›training on the job‹, brachte er sehr erfolgreich gleich drei neue Produkte auf den Markt. »Ich hatte mir ein Fragenraster wie in der Psychiatrie zurechtgelegt. Durch die Fragerei brachte ich meine Mitarbeiter dazu, noch mehr zu reflektieren, was sich letztendlich als erfolgreich erwies.

Ich war dann kurze Zeit in Deutschland, um dort ein für die Firma wichtiges Produkt zu vermarkten, jedoch nur unter der Bedingung, gleich danach in Amerika eine höhere Position zu bekommen. Ich war schon immer lieber auf der Power- nicht auf der Receiverseite (der Seite des Empfängers). In meiner Firma war ich bekannt dafür, daß ich keine Kompromisse einging. Daher wurde ich immer nur auf der Problemseite eingesetzt. Nachdem ich ein Problem gelöst hatte, wollte ich ein größeres, noch schwierigeres Problem angehen. Das war meine Herausforderung. So brachte ich es in der Firma zum Senior-Direktor.

Da ich ja immer noch das Ziel habe, Chef der Firma zu werden, bin ich natürlich auf der Karriereleiter weitergegangen. Der blinde Wunsch eines jungen Mannes hat sich zwar relativiert, doch will ich immer noch die Spitze unserer Firma umkrempeln und habe mir ein Zeitlimit gesetzt. Ich bin als so eine Art Wurm im gesunden Apfel in der Firma geschätzt und geachtet und werde in ungefähr fünf Jahren an der Spitze des Unternehmens sein oder meine Kräfte und mein Wissen anderweitig verkaufen. Zur Zeit bin ich dabei, für den europäischen Markt zwei völlig neue Projekte als meine Ideen in der Firma umzusetzen. Meine Ideen vergleiche ich mit einer Art Schneelawine. Ich setze sie in die Tat um, das heißt, ich löse die Lawine aus, und dann sollen die anderen Abteilungen sich darum kümmern, während ich die Zeit habe, mir Gedanken über die nächste Lawine zu machen.

Amerika ist eines der innovationsfreudigsten Länder, und daher fühle ich mich hier in meinem Element«, erklärt Michael von Poelnitz. Für einen jungen Menschen ist Amerika immer noch das Land der unbegrenzten Möglichkeiten. Es ist eine zu anderen Ländern unvergleichbare Atmosphäre, die hauptsächlich durch das miteinander konkurrierende Völkergemisch stimuliert wird.

»Ich liebe Amerika auch, weil die Sonne hier häufiger scheint, und zum zweiten fühle ich mich in Deutschland durch den Druck, mich so zu verhalten wie alle anderen, schrecklich beengt. Trotz aller Wirtschaftskrisen spüre ich hier immer noch die unbegrenzten Möglichkeiten und fühle mich hier freier. Ich würde sogar so weit gehen und behaupten, daß man als Ausländer in Amerika eine gewisse Narrenfreiheit hat. Es erlaubt mir, immer ein bißchen anders zu sein, ohne daß die anderen böse deswegen sind. Das steht im krassen Gegensatz zu der gesamten Ausländerfeindlichkeit in Deutschland. Meine adlige Herkunft hat daran überhaupt keinen Anteil. Im Gegenteil, ich unterschreibe hier überall mit M. V. P. Die Amis denken V. ist mein Mittelname, also Viktor zum Beispiel. Denn gerade hier in der Gegend (altenglischer Club) sucht jeder Ami seine Vorfahren

... und privat mit seinen Kindern

und seine Kultur. Da wäre ich als Freiherr und Baron schon wieder in ein Raster gepreßt, das ich nun wirklich vermeiden möchte.

Eine nette Episode aber will ich dazu erzählen«, sagt Michael von Poelnitz. »Als ich mir an einem Wochenende in New York ein Auto leihen wollte, fragt mich die Dame im Autoverleih, wie ich meinen Namen schreibe. Völlig verwirrt sah ich, daß es in ihrem Computer Hunderte von Poelnitz gab. Nun begann ich also plötzlich, meine Spuren in Amerika zu verfolgen. In der Zentralbibliothek in New York City wurde ich fündig. Es gab tatsächlich einen Poelnitz, Bruno Freiherr von, der um 1780 aus Deutschland nach Amerika auswanderte und zusammen mit von Steuben gekämpft hatte. In dem Buch *Mighty Oak* (Große Eiche) fand ich mehr über meinen Vorfahren Bruno: Er besaß zwischen sieben und acht Hektar Grund in Manhattan, im Gebiet der heutigen Wallstreet, dem damals holländischen Viertel mit weiten unbebauten Flächen. Diesen Grund hatte Bruno damals gegen 4000 Acres Land in Louisiana eingetauscht. Das muß man sich mal vorstellen. Solch ein Irrsinn. Heute wäre der Grund mehrere Milliarden Dollar wert.«

Bruno von Poelnitz lebte als Großgrundbesitzer dann in der Nähe von New Orleans, umgeben von Hunderten von Leibeigenen. Bis zu dem Tag, als der Präsident der Vereinigten Staaten, Abraham Lincoln, die Sklaverei abschaffte. Die Sklaven durften sich damals ihre Namen aussuchen. Viele übernahmen freiwillig und aus Verbundenheit die Namen ihrer Grundherrn, so scheinbar auch die Sklaven des Bruno von Poelnitz. Denn plötzlich gab es Hunderte von Poelnitz, vor allem in den südlichen Regionen des Landes.

Es ist Abend geworden. Michaels Söhne Max (7) und Demian (5) haben ausgetobt, das philippinische Kindermädchen, die Perle im Haus, hat eine Pause verdient.

»Ohne sie wäre unsere Familie völlig aufgeworfen. Sie ist von Beruf Buchhalterin und macht unsere gesamten Abrechnungen und Steuern. Sie kocht großartig, und die Kinder lieben sie und lernen ihr zuliebe sogar ihre Landessprache.«

Audrey, inzwischen Kardiologin in einem Krankenhaus in der Nähe, kommt meist erst spät vom Dienst. »Das ist ein weiterer Vorteil in Amerika«, meint Michael von Poelnitz. »Wenn eine Frau ihre Karriere trotz Haushalt und Kinder weiterverfolgen will, kann sie es hier leichter. Die Akzeptanz einer arbeitenden Frau ist größer, und man bekommt bessere Haushaltshilfen und Kindermädchen, oder eben die großen Betriebe stellen fast selbstverständlich Kindergartenplätze zur Verfügung.«

MEIN PERSÖNLICHES NEW YORK:

RESTAURANTS:
Raoul's [180 Prince] in Soho (französische Küche)

AUSGEHEN:
Ballett in der Metropolitan

LITERATUR:
Wenn man New York wirklich verstehen will, muß man über das jüdische Leben lesen, das sich durch die gesamte Stadt zieht.

TIPS FÜR BESUCHER:
Architekturführung machen

EINKAUFEN:
Zu *Bloomingdale* mit einer Einkaufsliste rein und ausschließlich Sachen kaufen, die nicht darauf stehen. Lebensmittel nur aus Chinatown. Antiquitätengeschäfte auf dem Land

MIT BESUCHERN:
Cherrystone Clams essen in der *Oysterbar* im Grand Central Station. *River Cafe* [1 Water St]. Chinatown

LIEBLINGSSTADTTEILE:
Brooklyn durch den jüdischen Einschlag

HARLEM UND BRONX:
Knöpfe im Auto runter und durch

CONSTANCE VON COLLANDE:

Top-Job
in der Werbebranche

Es gibt kaum einen Job, in dem mit härteren Bandagen gekämpft wird, als in der Werbebranche. Es geht um Millionen Dollar Beträge, um Ruhm, um Ansehen, um die blitzschnelle und wirkungsvollste Vermarktung der Produkte. Wer im richtigen Moment die richtige Idee auf den Markt wirft, ist der Master of the Universe.

Unser Master of the Universe ist eine Frau: Constance von Collande aus Dresden. Sie bewegt sich seit über zwanzig Jahren schnell, sicher und mutig über New Yorks Werbebranchenpflaster, Abteilung Kosmetik. Millionen Frauen richteten sich, natürlich unbewußt, nach Ideen, die aus Constances klugem Köpfchen blitzten. Sorry, Constance. Die Bilder der Werbung schossen natürlich nicht einfach so aus ihrem Kopf, sondern sind der Prozeß einer langjährigen weltweiten Erfahrung und Entwicklung und einer umgehenden Studie des Marktes.

Constance von Collande gehört heute zu den Spitzenkräften in der Werbebranche auf dem amerikanischen Markt. Eigentlich begann ihr Training unbewußt schon im Alter von fünf Jahren. Constances Vater, Constantin von Mitschke-Collande, war ein bekannter Maler und Mitbegründer der Dresdner Sezession, einer Gruppe, ähnlich der des Blauen Reiters in München. Er begann ganz früh, seine Bilder und Zeichnungen seiner kaum fünfjährigen Tochter zu erklären und regte sie immer zur Stellungnahme und Kritik an.

»Ich lernte damals schon ein Auge für Farben und Kompositionen zu entwickeln. Wie wichtig das war, wurde mir erst sehr viel später bewußt«, sagt Constance von Collande. Während des Krieges wurde die private Kunstschule ihres Vaters in Dresden geschlossen und seine Werke als entartete Kunst verboten. Einige seiner expressionistischen Holzschnitte sind nach den Kriegswirren wieder aufgetaucht, von einem Privatsammler in Los Angeles aufgekauft worden und befinden sich heute im Los Angeles County Museum. Die Familie floh von Dresden über Rothenburg o. d. Tauber nach Nürnberg. In Nürnberg studierte Constance an der Höheren Fachschule für Architektur und Graphik. »Graphikerin war ein Beruf, den man wunderbar in den Koffer stecken konnte und mit auf die Reise nehmen«, erklärt Constance. Sie ging in die Schweiz und entwickelte für eine Züricher Werbefirma Kampagnen für Schokolade, Textilien und Volkswagen.

Ihr nächster Job in Paris bei *Publicis*, der größten französischen Werbeagentur, zeigte ihr die Richtung für ihr weiteres Leben. Die gesamte Werbung der 60er Jahre in Europa war so stark von Amerika beeinflußt, daß Constance nach zwei Jahren beschloß, an die Quelle zu gehen – nach New York. »Ich hatte genug verdient, um mich ein Jahr in New York über Wasser halten zu können, falls ich nicht gleich den richtigen Job finden würde.« Constance hatte in ihrer Pariser Zeit außerdem von einem kleinen Hotelzimmer am Rive Gauche die gesamte Verpackungslinie für eine französische Wäschefirma entworfen.

Die Voraussetzungen für eine Stadt wie New York waren dadurch natürlich gut. Sich ohne finanziellen Druck auf dem Markt umsehen zu können, war von großem Vorteil.

»Ich wohnte zurst bei einer Brieffreundin auf Long Island, eine Zugstunde von Manhattan entfernt und begann damit, alle berühmten Art Directoren und Graphikdesigner, über die ich einmal etwas gelesen hatte, anzurufen und um eine Verabredung zu bitten«, erzählt Constance über ihren Start in New York. »Ich war völlig sprachlos, daß sie selbst ihr Telefon abnahmen. Von Paris her kannte ich diese Herren nur als sehr unnahbar, auf einem goldenen Thron sitzend. In New York war das völlig anders. Ich radebrechte damals noch in Schulenglisch um einen Termin und schaffte es tatsächlich, sie alle in ihren tollen Büros zu besuchen. Der damalige Topman der Branche, George Louis, erklärte mir trocken: Um hier in New York in eine Werbeagentur zu gehen, mußt du auf der Straße aufgewachsen sein und die Ausdrücke und die Kultur der Straße beherrschen. So hart es klang. Er hatte natürlich recht. Doch ich lernte durch meine Vorstellungsgespräche wichtige Leute kennen, auf die ich mich später wieder berufen konnte. Zuerst machte ich einen kleinen beruflichen Schlenker und fing als Art Director bei der amerikanischen *Vogue* an. Ein guter Start. Der Job entwickelte sich unter dem legendären Chefredakteur Alexander Libermann zu einer einmaligen Erfahrung. Er verstand es, mich derart zu motivieren, daß selbst wenn er sagte, ich solle alles noch einmal neu machen, ich begeistert an meinen Tisch zurückging und wieder von vorne anfing. Außerdem lernte ich, in dem mir neuen Zeitschriftenmilieu, schnell zu arbeiten und unter ständigem Zeitdruck zu produzieren.«

Ihre Freizeit verbrachte Constance damit, New Yorks Straßensprache aufzusaugen und Filme und Bücher über amerikanische Sprache und Kultur zu verschlingen. Über eine Auftragsproduktion als freie Mitarbeiterin gelangte sie in die Werbeabteilung von *Elizabeth Arden*. Die Kosmetikfirma kam Anfang der siebziger Jahre mit den ersten Haut verjüngenden Produkten auf den Markt. Die Werbung von den Facelifts wurde von einem jungen Team entwickelt, dem Constance für vier Jahre angehörte. Es waren höchst produktive Jahre bei *Arden*, die Zeit, als die Firma Karl Lagerfelds erstes Parfum Chloe auf den Markt brachte.

Constance von Collande wechselte zu *Revlon*, eine Firma, mit der sie schon lange liebäugelte. »Selbst zu der Zeit, als ich noch in Deutschland lebte, ist mir der ungewöhnliche Werbeton der Revlonwerbung aufgefallen. Mein erster Lippenstift, den ich mir kaufte, war von *Revlon* und hieß ›Espresso‹. Es war die Zeit der großen italienischen Filme. Die Firma hatte schon damals ein geniales Gespür, die aktuellen Ereignisse und Trends in den Namen ihrer Produkte und ihrer Werbung zu verarbeiten.«

1975 in den Creative Workshop von *Revlon* aufgenommen zu werden, sei, so dachte sie damals, der Höhepunkt ihrer Karriere. Ein kleines, sehr kreatives Team, das in der 50. Etage im General Motors Building am Central Park thronte und den Tag mit dem Studium der *New York Times* begann. Das Team sollte das Parfum Charlie auf den Markt bringen. Constance von Collande war als Senior-Art Director eingestellt. Sie erzählt über die Charlie-Anzeigen: »Unsere Charlie-Frau hatten wir schnell gefunden: Shelley Hack, eine junge Schauspielerin, verkörperte genau das was wir suchten – eine junge, dynamische, moderne Frau. Wiederholt suchten wir einen Begleiter für

Constance von Collande in der Agentur

sie und wollten ihr ursprünglich einen Footballspieler, einen Baseballspieler und einen Cowboy zur Seite stellen, der ihr sportliches Image verstärken sollte. Doch unsere ersten Marktrecherchen brachten ein anderes Ergebnis zu Tage: Die Frauen wollten Charlie von einer unabhängigen, selbständigen Frau repräsentiert sehen, die alleine ihr Leben bestreitet, energisch, fröhlich und voller Initiative. So zeigte unser Werbespot eine Frau in Hosen, die mit großen Schritten durchs Leben geht, alles auf eigene Faust macht, durch die Welt reist, alleine ein Restaurant oder einen Club betritt. Unsere Marktrecherchen reflektierten sehr stark die Wünsche der Frau, selbständig und emanzipiert zu sein. Emanzipation war in den 70er Jahren das Schlagwort, mit beiden Beinen im Leben zu stehen und es zu meistern.

Sie blieb acht Jahre bei *Revlon*. In der Werbung und überhaupt für Amerika eine ungewöhnlich lange Zeit.

»Ich war damals sehr beeindruckt von *Cover Girl*, der größten amerikanischen Kosmetikfirma. Sie steckte pro Gewinndollar das meiste in die Werbung. Das klang für mich vielversprechend. Und ich wollte meine Erfahrung in Film- und Fernsehwerbung weiter ausbauen«, erklärt Constance.

Sie wurde bei *Lintas*, seit vierzig Jahren Werbeagentur für *Noxell Corp.*, dem Hersteller von *Cover Girl*, Exekutive Art Director. Fünf Jahre später wird *Cover Girl* an *Procter & Gamble* verkauft, und der neue Käufer verläßt die Agentur. Dafür kommt *Maybelline*, die Nummer 2 auf dem amerikanischen Kosmetiksektor, zur Agentur, in der Hoffnung, dank der Erfahrung des *Lintas*-Werbeteams nun die Führung im Kosmetikfeld zu übernehmen.

»Schlachtfeld Kosmetikindustrie« und »Moderner Kampf der Giganten« oder »Der Kampf der drei Großen – Cover Girl, Maybelline und Revlon«, so lauteten die Schlagzeilen der Zeitungen über das Rennen der drei größten Kosmetikhersteller um die Marktherrschaft. Constance, die nun für alle drei Firmen gearbeitet hatte, fand die Herausforderung gigantisch. »Ich hatte das Glück und wohl auch den richtigen Instinkt, die Firmen in ihrer jeweiligen Hochphase zu erleben und zu studieren.«

Constance, 1942 geboren, ist nun schon seit knapp dreißig Jahren aktiv in der Werbebranche. Noch keine Spur von Verschleiß? Wie produziert sie ständig neue Ideen?

»Ich liebe meine Arbeit«, sagt sie. »Viele Menschen, mit denen ich zusammenkomme, sind äußerst begabt, originell und inspirierend. Meine Arbeit wird nie langweilig. Nichts wiederholt sich.

Gute Ideen müssen natürlich erarbeitet werden. Sie fliegen einem nicht einfach beim Einkaufen oder in der Subway zu. Ich muß mich intensiv mit dem Produkt und seinen Qualitäten beschäftigen und die Eigenarten des Käufers studieren. Ich setze mich an meinen Schreibtisch und arbeite, skizziere oft stundenlang, entweder alleine oder im Team mit meinen Mitarbeitern. Es dauert oft sehr lange, bis wir an der Endfassung eines Entwurfes feilen. Ich erinnere mich an eine schwierige Situation, als ich zu *Lintas* kam: Es gab ein Feuchtigkeit spendendes Make-up, für das eine neue Werbekampagne entworfen

...und vor der Kulisse von Manhattan

werden sollte. Keine Idee war bisher von dem Kunden akzeptiert worden. Als neues Teammitglied sollte ich nun mein Glück versuchen. Ich stand natürlich schrecklich unter Druck. Vor lauter Verzweiflung ging ich dauernd joggen, um den Streß zu vertreiben. Endlich kam mir ein Gedanke: Eine Blume ist das Symbol für das Gesicht einer Frau. Eine Rose zum Beispiel braucht Wasser, um zu blühen und das Gesicht der Frau braucht dieses Make-up. Der Vergleich war einfach und überzeugend. Und die Kampagne war erfolgreich.

Für den TV-Spot kaufte ich Hunderte von Rosen und beobachtete, welche Rosenart sich am schönsten und taufrisch öffnete. Endlich hatte ich die richtige Rose gefunden. Daraus ergab sich ein Spot, in dem sich die Rose im Zeitraffer öffnete, von einer kleinen Blüte zu einer voll aufgeblühten Blume, dazwischen das Gesicht einer Frau und das Make-up.«

Was bedeutet Erfolg für Sie? »Erfolg wird am Verkauf des Produktes gemessen. Erfolg für mich persönlich ist, wenn ich an etwas arbeite, was mir Spaß macht, und ich dabei noch Geld verdiene. Da ich

Dreiviertel meines Lebens im Job verbringe, müssen mir die Aufgaben zum einen gefallen, zum anderen meine Talente herausfordern und produktiv sein. Das alles zusammen macht den Erfolg aus.«

In New York wird man nach Erfolg bezahlt, in der Werbebranche liegen die Gehälter zwischen 200 000 und 600 000 Mark im Jahr. Es ist wichtig, daß der Verdienst dem Arbeitsaufwand entspricht.

»Ich verdiene gut«, sagt Constance. »New York ist teuer. Ich habe ein hübsches Haus in Easthampton und ein Appartement in der Stadt, und ich leiste mir schöne Reisen in exotische Länder, das ist mir wichtig. New York ist keine Stadt für Arme und Schwache. Es ist eine Stadt, in der man gesund sein muß und in guter Form, man muß von sich überzeugt sein, ein gesundes Selbstwertgefühl haben, das alle ups and downs aushält, und man muß seine Talente gut verkaufen können – sonst geht man unter. Ich liebe New York, weil mich die Stadt ungeheuer auf Trab hält, man bleibt flexibel und anpassungsfähig. Ich werde ständig neu inspiriert, durch die Vielfalt der Rassen, das kunterbunte Gemisch der Farben und Gesichter. Ich finde auch, daß die Leute, die nach New York kommen, interessanter und mutiger sind, als die, die in ihrem Land bleiben. Das gilt für alle Gruppen, auch für die Deutschen. Irgendwie scheint die Stadt alle Menschen zu einer einzigartigen Höchstform zu treiben. Großer Nachteil: Keiner hat für den anderen Zeit. Alles rennt herum, wie im Fieber. Wenn man mit einem Ziel herumrennt, wie alle New Yorker das tun, ist man davon beflügelt und schaut weder links noch rechts. Die Bettler und Obdachlosen, die Armut auf der Straße dringen oft gar nicht in den Kopf ein. Schließt man dann spätabends erschöpft die Tür hinter sich zu, gibt es Momente, da ist man in New York einsamer als irgendwo sonst auf der Welt.«

MEIN PERSÖNLICHES NEW YORK:

RESTAURANTS:
Il Cantinori [32 E10], *Rivercafe* [One Water St. Brooklyn]

CLUBS:
Mein Traum, eine ganze Woche nur nachts zu leben und alle Clubs zu besuchen.

MUSEEN:
Museum der American Indian, eines der deprimierendsten und erstaunlichsten Museen, Museum of Natural History

LIEBLINGSINSTALLATION:
die 20fache Vergrößerung eines Eichenwaldbodens mit Würmern so groß wie Frankfurter Würstchen

GEBÄUDE:
Chrysler Building. Die Toiletten in der Radio City Music Hall

EINKAUFEN:
Ich greife spontan zu, wenn ich etwas sehe, was mir gefällt. Männerabteilung bei Bergdorf.

LIEBLINGSPLÄTZE:
Central Park zum Picknick, das Dach des Metropolitan Museums mit einem herrlichen Ausblick auf den Park. Grand Concours in der Bronx, eine ungewöhnliche Wohngegend mit fabelhaften Art Deco Häusern

LITERATUR:
Truman Capote über die New Yorker Gesellschaft, John Irving über New England. John Barth über Mythology

HOBBIES:
Reisen in exotische Länder und von den Eindrücken Aquarelle malen, Kanu-Expeditionen in den Everglades und anderen Naturschutzparks

Möbelkünstler

HENNER KUCKUCK:

»Ich mache Sachen,
die unmöglich sind«

New Yorker sind Individualisten. Ihr Drang zur besonderen Wohnung schafft Designern Hochkonjunktur. Kenner der Avantgarde-Szene des Möbeldesigns behaupten heute, aus keiner Stadt kämen mehr gestalterische Impulse als aus New York. Henner Kuckuck ist dafür ein besonders prominentes Beispiel.

Er zählt zu den Innovatoren im Möbeldesign in New York. Seine Möbel sind Einzelstücke, hergestellt aus einem neuen Werkstoff, der in der Möbelbranche bisher einzigartig ist und sich durch Körperwärme leicht der Körperform anpaßt. Er kombiniert eine ausgeklügelte Mechanik mit einem stark erotischen Design: schwarze, zusammenklappbare Lippen als Sofa, einen Sessel, der sich in Größe und Form dem Gesäß anpaßt. Die Möbel sind alle faltbar, in knalligem Rot oder Schwarz, Möbel, die den New Yorker vor Freude aufheulen lassen. Endlich etwas ganz Ausgefallenes auf dem Markt. Etwas, das es noch nie gab, in einer Stadt, in der es doch alles bereits schon zu geben scheint.

Henner Kuckuck macht der Run auf seine Möbel stolz, doch auch etwas verlegen. Daß der Berliner Bildhauer einmal mit Möbeln einen Volltreffer landen sollte, hatte er sich in seinen kühnsten Träumen nicht vorstellen können. Aber in New York ist eben halt alles möglich. Henner ist von einem Showroom (Ausstellung) zum anderen unterwegs, überall wollen die Leute den Künstler sehen, der sich hinter den ausgefallenen Stücken verbirgt.

»Die Möbel sind kleine, elegante Stücke, die den New Yorker Platzverhältnissen Rechnung tragen«, erläutert Henner Kuckuck. Es sind, durch das Material bedingt, fast unverwüstliche Stücke. Die Möbelstücke wurden für die Fotoaufnahmen in das New Yorker Appartement der Münchner Innenarchitektin Karina Werner-Jacobi gestellt, eine Wohnung im 57. Stock in bester Lage Midtown Manhattan. »Ein guter Platz für die Stücke« – wie Henner glaubt – »weil Stahlwände und High-Tech, vermischt mit Gegenständen vergangener Kulturen, die perfekte Umgebung sind.« Nach den Fotoaufnahmen treffe ich Henner in seinem Studio.

Zwischen nackten weißen Wänden stehen Möbel und Plastiken,

liegen Pläne und Zeichnungen. Tee, Kaffee, Zigaretten und ein Anrufbeantworter umgeben den Künstler. Irgendwo in einer Ecke steht auch ein Bett, das in kreativen Phasen selten benutzt wird. Inmitten dieses anregenden Chaos steht ein kleiner stinknormaler Bistrotisch mit einem Bistrostuhl, auf dem der lange, schlaksige Künstler sitzt. Fast sieht es aus, als ob er Respekt hätte vor seinen eigenen Möbeln. Doch sie sind für den Künstler das, was für eine Mutter ein neugeborenes Kind ist. Sie sind aus einer langen, kreativen Schaffensperiode hervorgegangen, und er bestaunt fast noch etwas ungläubig sein Werk. Künstler sind sehr einsame Menschen.

»Ich sitze oft wochenlang an den Entwürfen und grüble vor mich hin, ich zeichne und konstruiere, verwerfe die Ideen wieder. Es gibt Tage, da sitze ich an einem Objekt und überlege, ob ich jetzt die kleinen Gummifüße dran mache oder nicht. Ich mach sie dran, dann wieder weg, dann wieder dran – ich fange an, mich im Kreise zu drehen, das macht mich verrückt«, erzählt Henner. »Aus solch einer depressiven Phase heraus sind meine Möbel entstanden. Ich war total down, saß in meiner Bude und grübelte den ganzen Sommer vor mich hin. In meiner Verzweiflung faltete ich Papier in verschiedene Formen und warf es in eine Kiste. Das ging tagelang so. Irgendwann wurde mir plötzlich klar, daß alles, was in der Kiste lag, mein neues Projekt werden könnte, ich hatte Möbelstücke gefaltet...«

Henner hat aus bisher 20 dieser Papiermodelle Möbel gebaut, Hundert andere Ideen liegen noch in der Kiste. »Ich habe schon immer in Schüben gearbeitet. Nach langen Phasen der Depression, in denen mir nichts zu gelingen scheint und ich keine Ideen hatte, kommt dann irgendwann wieder der Aufschwung«, erzählt Henner.

Die Konstruktion der Möbel, die Herstellung und auch die Verarbeitung des Materials basierte auf einer langen künstlerischen Erfahrung, die Henner Kuckuck sich angeeignet hatte.

Schon mit 14 war Henner ein ungewöhnlicher Junge. Seine Oma, die gerade von einer Astrologin Henners Zukunft deuten ließ, erzählte damals im Familienkreis: »Henner habe ganz besondere Fähigkeiten, meinte die Astrologin. Er stelle die Quadrate alle auf den

Kopf.« Die Oma wollte fortfahren, als die Tür aufging und Henner in die Stube kam. Er nahm, ohne von dem Gespräch zu wissen, einen Margarinewürfel und stellte ihn auf die Kante.

»Ich habe mir damals schon zum Lebensprinzip gemacht, Dinge zu tun, die eigentlich unmöglich sind«, erzählt Henner. In der Schule in Frankfurt hat er mit einem Mitschüler eine Maschine entwickelt, um folgenden physikalischen Vorgang zu beweisen: Eine Kanonenkugel, die waagerecht abgeschossen wird, kommt zur selben Zeit auf der Erde an, wie eine Kanonenkugel, die man zur selben Zeit senkrecht fallen läßt. Normalerweise geht so etwas doch gar nicht, denkt man. Doch Henner erfand eine Mechanik, die den Beweis antreten konnte. Das Gerät ging als »Kuku«-Maschine in die Annalen der Schule ein und wurde allen Klassen vorgeführt.

Physik war Henners Lieblingsfach, und sowohl in der Schule, als auch später an der Universität bereitete er den Lehrern Kopfzerbrechen mit Konstruktionen, die scheinbar allen Naturgesetzen widersprachen. Schon während der Schulzeit baute er seine ersten Plastiken und hatte selbst beim Abitur einen großen Tonklumpen dabei, um in den Pausen etwas Kunstvolles zu formen. Henners Vater, ein angesehener Ingenieur bei der Deutschen Bundesbahn, der das gesamte Schnellverkehrsnetz der Deutschen Bundesbahn ausbaute und in Brasilien die U-Bahn konstruierte, wollte, daß sein Sohn Ingenieurwesen oder Architektur studiert. Henner tat es mehr seinem Vater zuliebe, brach jedoch nach zwei Semestern das Studium in Braunschweig ab. Es war ihm zu langweilig, immer nur gerade Striche zu zeichnen. Er bewarb sich als Student der Bildhauerei an der Hochschule für Bildende Künste in Berlin und wurde angenommen.

»Ich zog meinen schwarzen Anzug an und wollte meinem Vater mitteilen, daß ich Bildhauer werden würde. Als mich meine Mutter so nach Hause kommen sah, dachte sie, meine Freundin sei schwanger und wir würden ein Kind erwarten. Wir lachten darüber. Das Eis war gebrochen und ich konnte endlich das studieren, wozu ich mich berufen fühlte.«

Zwischen 1962 und 1968 war er Schüler bei Professor Hans Uhlmann, dessen Werke heute zu den höchstbezahlten in Deutschland gehören. Henner entwickelte sich zu einem angesehenen Bildhauer, der im expressionistischen Stil zuerst mit Holz, später mit Stahl arbeitete. Eine Zeitlang spezialisierte er sich auf Wettbewerbe, die vom Bund oder vom Berliner Senat ausgeschrieben wurden und von denen er viele gewann. Seine Skulpturen stehen heute vor der Deutschen Schule in Brüssel und Paris, im Märkischen Viertel in Berlin, vor der Freien Universität und der Technischen Hochschule in Berlin. Besonders eindrucksvoll sind die zwölf Meter hohen viereckigen Türme aus Nirostahl vor der Freien Universität in Berlin-Dahlem. Die Plastik steht auf einer ebenen Fläche und bewegt sich bei Wind aus dem Lot. Es sieht dann aus, als würden die Türme schwerelos über den Platz tanzen. Ein Werk, bei dem sich alle Physiker die Haare raufen, weil die Türme, nach ihren Formeln berechnet, eigentlich einstürzen müßten.

Henner konstruierte außerdem Brunnen in Grömitz und Bad Soden. Er arbeitete an Bühnenbildern bei Inszenierungen von Peter Stein in Berlin und fertigte die Plastiken und das Design in der U-Bahnstation der Deutschen Oper in Berlin.

Ein vielseitiger und vielbeschäftigter Künstler.

»Ich hatte mein sicheres Einkommen, war bekannt und angesehen«, erzählt Henner. »Doch ich strebte nach mehr, nach einer Weiterentwicklung. Ich kam mir vor wie der kleine Hund in meinem Lieblingskinderbuch: *Es muß mehr geben im Leben als alles*. Der kleine Hund in dem Buch hatte ein Haus, ein Herrchen und Sicherheit. Trotzdem brach er aus.«

Diese Unzufriedenheit und das Streben nach Neuem trieben Henner Kuckuck 1984 nach Amerika. Das Land hatte für ihn immer noch den Mythos, daß dort alles möglich und machbar sei.

»Das einzige, was ich bei meiner Ankunft in New York konnte, war, ein billiges Hotel zu finden«, schildert Henner. »Hotel cheap« waren die einzigen englischen Worte, die unfallfrei über seine Lippen kamen. Es begann eine einsame, schwierige Zeit. Keiner kümmerte sich in New York um Bildhauer Henner Kuckuck aus Berlin. Er tauchte in eine anonyme Masse und begann – als er sich langsam von seinem Schock erholte –, seine Fotomappe unter den Arm zu klemmen und die Galerien abzuklappern. Seine Werke kamen an. Was Henner nach der ersten Durststrecke kaum für möglich hielt, trat ein. Er hatte von Anfang an Erfolg. Seine erste Ausstellung in der Leslie Cecil Gallery in Manhattan brachte ihm phantastische Kritiken und weitere Aufträge und Ausstellungen.

»Das gefällt mir an New York«, sagt der Künstler, »wenn man bereit ist, ein Risiko auf sich zu nehmen und keine Angst hat, auf die Schnauze zu fallen, dann hat man in dieser Stadt wirklich die Chancen, alles zu tun. Ich war in der ersten Galerie bei Leslie Cecil. Er gab mir eine Chance, ich nahm das Risiko auf mich und gewann. Das gibt es in der Form sonst nirgendwo auf der Welt.«

Henner Kuckuck hatte sich in den letzten Jahren bei über zwanzig Einzel- und Gruppenausstellungen in New York bereits einen Namen als Bildhauer gemacht, bis zum Sommer 1991, als er aus seiner kreativen Verzweiflung heraus die ersten Möbel entwarf. Das Material für

die schönen Stücke – er hat es aus Angst vor Raubkopien lange geheim gehalten – hat er durch Zufall in Kalifornien entdeckt. Es nennt sich Koroseal und wurde auf der ganzen Welt bisher nur dazu benutzt, die schwarzen Matten herzustellen, auf denen man die Schlittschuhe abstreift, wenn man von der Eisbahn kommt. Dieses Material ist unheimlich strapazierfähig und trotzdem flexibel. Um die Faltstellen in den Möbeln herzustellen, wird es weder warm gemacht noch über eine Form gezogen, sondern durch Fräsen einfach leicht verdünnt.

»Die Falttechnik scheint ähnlich dem japanischen Origami zu sein, denn vor allem die Japaner reagieren unheimlich stark auf meine

Möbel. Mein Traum ist es, mit den Möbeln auf den Weltmarkt, vor allem nach Japan, zu gehen und sie in einer kleinen Produktion in limitierter Auflage herzustellen.«

MEIN PERSÖNLICHES NEW YORK:

Als Künstler lebe ich in extremen Phasen. Wenn ich arbeite, lebe ich zurückgezogen, gehe nie aus, bin wohl der einsamste Mensch in Manhattan. Dem folgt eine Ausgehphase, in der ich nächtelang unterwegs bin. Daher habe ich so viele Restaurants und Kneipen hier aufgelistet – absolute Insidertips übrigens, von denen Sie nur wenige in Reiseführern finden werden.

RESTAURANTS:
Le Pescadou, phantastisches Fischrestaurant in der Kingstreet, *Le Refuge* [82./Lexington], ein echt New Yorker Zufluchtsort, *Black Sheep* [344W11], Spaß und gutes Essen im Country Stil, *Odessa* [56 Ninth Ave], Russischer Dinner Club mit Folklore, gutem Essen und Drinks, *Jerry's* (Prince Street), Künstlerrestaurant, *150 Restaurant* (East Village/11.), japanische, frische Küche, Fun, *Sammy's* (Lower East Side), *The City Bakery* am Union Square, die besten hausgemachten Kuchen.

BARS UND CLUBS:
Gold Bar [345E 9th St.], Hangout der Designer, *Lola* (22 Westside), Gospel Brunch am Sonntagmorgen, *Sweet Basil* [88 Seventh Ave South]: der beste Jazzclub in der Village, *Knitting Factory* [47 E Houston St.]: Experimental Jazz, *Coco Pazzo* [East/74.) zum Leute beobachten, *Cafe Sha Sha* [510 Hudson St.]: mein Stammcafe, hier bin ich zum Zeichnen, der Kellner verwahrt meinen Skizzenblock. Im Garten steht eine meiner Plastiken, nach Wilhelm Busch »Knickebein« genannt. *Chez Josephine* [414 W42nd St.]: Jazz-Music-Fun, *Ear Inn* [326 Spring St.]: früher eine Hafenkneipe, auf jeden Fall eine der ältesten in New York.

HEIKO THIEME:

Der Börsenguru aus Leipzig

Ein Broker müsse weder schreiben noch lesen können, sondern lediglich das Telefon etwas schneller als alle anderen bedienen können. Daher habe ihn dieser Beruf auch nie interessiert, sagt Heiko Thieme.

Um so erstaunlicher, daß der Sohn eines Arztes aus Leipzig gerade als Börsenmakler erfolgreich wurde und heute zu den gefragtesten Anlagestrategen an der Wallstreet gehört.

Die Sachsen scheinen nicht nur in der deutschen Geschichte eine führende Rolle gespielt zu haben, sondern es auch im Ausland zu etwas gebracht zu haben. Immerhin ist auch John Kluge, der reichste Amerikaner, ein Sachse.

Wenn auch keinesfalls in diesen exklusiven Kreis der superreichen Milliardäre einzuordnen, so hat auch Heiko Thieme eine ungewöhnliche Erfolgsstory, die seiner Geburtsstadt Leipzig alle Ehre macht. Der seit 13 Jahren in Amerika lebende Anlagestratege gilt sowohl in der Alten als auch Neuen Welt als Börsenguru, eine Bezeichnung, auf die er übrigens nicht sehr stolz ist, »da dies eher das Ende einer Börsenkarriere andeutet, denn nur wenige haben die in sie plötzlich gesteckten Erwartungen erfüllt«.

»Anlagestrategie ist deshalb so schwierig, da sie sich primär mit Prognosen befaßt, die die Zukunft betreffen. Besonders gefährlich ist es, wenn man anfängt, an sich selbst zu glauben«, erklärt Heiko Thieme.

Thieme wurde noch vor Kriegsende im September 1943 geboren, vor den Bombenangriffen auf Leipzig in den Harz gebracht und wuchs in der freien Reichsstadt Goslar in Niedersachsen auf. Zum Börsengeschäft kam er rein zufällig »über ein Glas Champagner auf einer Cocktailparty in Edinburgh in Schottland«, wo er 1969 als Assistent der juristischen Fakultät sich neben Europarecht auch mit Börsenfragen befaßte.

Er begann seinen Studiengang in Tübingen 1963 mit der Kombination Jura, Mathematik und Physik mit dem Ziel, Patentanwalt zu werden.

»Obwohl ich in Mathematik sehr gute Noten bekam, merkte ich sehr schnell, daß ich nie ein zweiter Einstein werden würde. Die Juristerei dagegen lag in der Familie und ging auf meine beiden Großväter zurück. Einer war am Reichsgericht, der andere in der Industrie erfolgreich tätig. Die Medizin, der Beruf meiner Eltern, zog mich, im Gegensatz zu meinen drei Geschwistern, weitaus weniger an.« Nach drei feuchtfröhlichen Semestern beim Corps Suevia verschlug es Thieme für sechs Monate an die Universität Edinburgh, um neben Jura die für den Patentanwalt notwendige Sprache Englisch zu lernen. Die Wahl fiel auf Schottland, auf Grund einer Empfehlung von Dr. Henning Schulte-Noelle, dem heutigen Vorstandssprecher der Allianz, den Thieme in Tübingen bei einem Bierabend kennenlernte. Ein späterer ausführlicher Brief von Dr. Schulte-Noelle über seinen Aufenthalt an der schottischen Universität überzeugte Thieme, diesen Studienort den prestigereicheren Städten Oxford oder Cambridge vorzuziehen. »Edinburgh stellte in meinem Werdegang in vielerlei Hinsicht eine ganz entscheidende Weiche.« Aus dem hundertprozentigen deutschen Corpsstudenten wurde allmählich ein deutscher Angelsachse, der in kurzer Zeit sein Englisch so verbesserte, daß die meisten ihn mindestens für einen Südafrikaner oder Australier hielten. Das juristische Examen – das beste Ausreichend der Nachkriegszeit, sagt Thieme – legte er 1968 in Hamburg ab. Trotz dieser unrühmlichen Note erhielt der schon damals Redegewandte eine Doktorarbeit über das Thema: Börsenzulassungsvoraussetzungen in Deutschland, England und Amerika.

»Ich hatte mir diese rechtsvergleichende Arbeit bewußt ausgewählt, um mich einmal mit einem Gebiet zu befassen, von dem ich weder eine Ahnung hatte, noch glaubte, daß es mich jemals beruflich interessieren könnte. Mein Hauptziel war, noch während der Ausbildung ins Ausland zu kommen«, sagt Thieme.

Edinburgh bot ihm eine Assistentenstelle an, die über die Volkswagenstiftung finanziert wurde. Eine auf Grund des Champagnergesprächs folgende Volontärszeit beim britischen Brokerhaus *Wood & McKenzie* legte dann endgültig die berufliche Laufbahn für Thieme fest.

»Plötzlich merkte ich, daß das Geschäft vom intellektuellen Be-

Thieme auf der Wallstreet

reich unheimlich anspruchsvoll ist und daß man ohne ein großes weltweites Verständnis über die Zusammenhänge von Politik und Wirtschaft sich in der Branche nie bewähren könnte«, erklärt Thieme. »Was ich früher über den Beruf des Börsenmaklers dachte, war natürlich Quatsch«, revidiert Heiko Thieme seinen kessen Spruch.

Er wechselte 1972 nach London zu *Wood & McKenzie* zuerst als Analyst, dann in den Marketingbereich als Senior-Executive verantwortlich für Europa. Hier baute er sich innerhalb von vier Jahren ein noch heute wichtiges Kontaktnetz auf. Seine Gesprächspartner und Kunden aus Bank- und Versicherungskreisen in Europa und dem Nahen Osten schätzten seine fachliche Kompetenz, seine entwaffnende Offenheit und mitreißende Begeisterungsfähigkeit.

Nicht nur beruflich, sondern auch für seine Erfahrungen als Flieger begann in Schottland ein neuer Lebensabschnitt. Er machte seinen Motorflugschein und lernte Schottland schnell aus der Vogelperspektive kennen ... »Es ist ein Land, in dem ich durchaus auf Dauer wegen seiner gastfreundlichen Menschen und kargen Schönheit hätte leben können.« Seine auch heute noch beachtliche Malt Whiskey-Sammlung (sie umfaßt mehr als 30 verschiedene Sorten) machte ihn zum Connaisseur unter Freunden und Geschäftskollegen. Von seinen Whiskeyproben sind heute noch alle begeistert, denn es wurde nicht Quantität, sondern Qualität geboten. Ein Buch über Malt Whiskey bleibt ein Projekt, daß er gerne später einmal verwirklichen möchte.

Nach viereinhalb Jahren wechselte Thieme zur prestigereicheren Wallstreetfirma *White Weld* als Vizepräsident im Marketing für Deutschland und Österreich. Als knapp zwei Jahre später die Firma von *Merrill Lynch*, dem größten Brokerhaus Amerikas, übernommen wurde, schmiedete er erstmals Pläne für die Selbständigkeit.

Ein Angebot der *Deutschen Bank* in New York, das amerikanische Aktiengeschäft für die Konzerntochter *Atlantic Capital Corp.* aufzubauen, nimmt er erst nach langem Zögern an. »Eigentlich wollte ich nie für ein deutsches Unternehmen arbeiten, da mir die interne Hierarchie zu starr und formal erschien. Doch die Tochtergesellschaft der *Deutschen Bank* beschäftigte damals nicht einmal 100 Personen, so daß diese Hemmschwelle nicht relevant war«, erklärt Thieme. Hinzu kam, daß die amerikanische Wirtschaft und Börse Thieme von Anfang gereizt hatten, da die Wallstreet einfach die größte und bedeutendste Börse der Welt ist.

Im August 1979 krempelte Thieme in New York erst mal die Ärmel hoch und baute sich seinen Schreibtisch auf, da man auf seine Ankunft nicht vorbereitet gewesen war. Bereits vier Wochen später verschickte er seinen ersten Börsenbrief, damals noch in Form eines einseitigen Telex, an das Filialnetz der *Deutschen Bank*. Waren es ursprünglich nur 40 Adressaten, so hat der Börsenbrief inzwischen weltweit rund 20000 Leser. Einzigartig im Stil und Inhalt wird dieser inzwischen achtseitige Börsenbrief auch heute noch von ein und derselben Person in Deutsch und Englisch verfaßt.

Seine Leserliste ist sehr beeindruckend. Hier sind Spitzenpolitiker und Wirtschaftskapitäne fast aller Länder zu finden. Aber dies hält

Thieme nicht ab, auch die bekanntesten Persönlichkeiten in Wirtschaft, Politik und Börse kritisch unter die Lupe zu nehmen. Trotz Kritik gegenüber der seines Erachtens häufig zu restriktiven Geldpolitik der Notenbanken wird seine Meinung auch in diesen konservativen Kreisen gern gelesen, wenn auch keinesfalls immer geteilt.

»In erster Linie möchte ich durch meine Analysen stimulieren und nicht nur provozieren. Allzuoft werden Statistiken unkritisch übernommen. Nur beim Wetterbericht gibt es vielleicht mehr Fehlprognosen als in der Wirtschaft. Auch meine Voraussagen haben sich zu 95% als falsch erwiesen. Dies lag jedoch nicht daran, daß meine scheinbar extravaganten und meist optimistischen Projektionen nicht zutrafen, sondern im nachhinein im Positiven sogar von der Realität noch übertroffen wurden.«

Kommt hier nicht etwa Eigenlob und Geltungsbedürfnis zum Ausdruck? Seine Freunde und Fans verneinen dies, während seine Kritiker und Neider offensichtlich anderer Meinung sind.

»Dr. Christians, der frühere Vorstandssprecher der *Deutschen Bank* sagte einmal wohlwollend: ›Neid muß man sich erarbeiten, Mitleid kriegt man umsonst. Sie haben offensichtlich viel gearbeitet.‹ Diesen Spruch habe ich nie vergessen«, erzählt Thieme. Für etliche Jahre betreute er Dr. Christians auf seinen jährlichen Besuchen in Amerika. Organisationstalent wird ihm von allen Seiten uneingeschränkt zugestanden. Selbst die Tür zum Weißen Haus blieb ihm nicht verschlossen. Ein Mittagessen des Chefs der *Deutschen Bank* mit Präsident Reagan war zweifelsfrei der Höhepunkt.

Ende 1989 machte Thieme sich dann endgültig selbständig mit Hilfe eines mehrjährigen Beratervertrags mit der *Deutschen Bank*. Anfang 1990 übernahm er den bis dahin an schlechtester Stelle stehenden *American Heritage Fund*. Inzwischen ist dieser Aktienfond mit einem Gewinn von fast 100 Prozent im letzten Jahr auf den ersten Platz gerückt. »Die Höhenluft ist besser als der Mief im Keller.« Heute verwaltet er bereits fast 50 Millionen Dollar, vor zwei Jahren war es kaum eine. Mitarbeiter hat er inzwischen sieben. Sein Stil ist zweifellos chaotisch, aber liebenswert.

... im Büro

Der Arbeitstag beginnt für Thieme fast ausnahmslos vor sechs Uhr morgens und endet selten vor Mitternacht. Sein tägliches Lesepensum umfaßt mindestens sieben Zeitungen und diverse Zeitschriften. »Zur schöngeistigen Literatur bleibt leider sehr wenig Zeit«, bedauert er.

Selbst am Wochenende kann er nur bedingt in seinem Haus in Connecticut, 40 Meilen von New York und der Börse entfernt, ausspannen. Hinter den Initialen H. T. des jeden Montag im Wirtschaftsteil der *Frankfurter Allgemeinen Zeitung* erscheinenden *Brief aus der Wall Street* verbirgt sich kein anderer als Heiko Thieme selbst. Seit fünf Jahren bereits schreibt er regelmäßig diese Kolumne. Auch für andere Publikationen ist er in Deutschland und Österreich gelegentlich tätig. Eine Teilzeitprofessur an der Pace Universität in New York rundet seinen ohnehin schon vollen Zeitplan ab.

Ohne das Flugzeug wäre der Alltag für den Globetrotter, der allein fast zweimal im Monat nach Europa fliegt, undenkbar. Mitunter war-

... und über New York im Cockpit

tet sogar die sonst so pünktliche Lufthansa auf den ständig in letzter Minute erscheinenden Gast. Autos ohne Telefon meidet er, da er auch beim Fahren und Gefahrenwerden mit der Außenwelt in Kontakt bleiben möchte. »Ein Börsianer, der weltweit investiert, kann sich die Isolation nicht leisten.«

Bleibt da noch Zeit für die Familie? Seit 1977 mit einer Französin, die er per Zufall in London kennenlernte, verheiratet, ist er Vater von zwei Töchtern und einem Sohn. In den häufig fast 100 Stunden erreichenden Arbeitswochen bleibt zwar wenig Zeit für Familie und Hobbies übrig, dennoch schwärmt der Börsenstratege von beiden. »Ohne Unterstützung und Verständnis meiner Frau und Kinder könnte ich meine beruflichen Ambitionen nie erfüllen.« Die wenigen gemeinsamen Stunden werden bewußt verbracht. Reiten, Tennis, Tischtennis und Skilaufen sind dabei die bevorzugten Sportarten. Familiensinn ist großgeschrieben. Dazu gehören Balzac, der Hund, und Lola, die Katze. Seine Eltern besucht er auf seinen Deutschlandreisen in Goslar mindestens sechsmal im Jahr.

Hat Thieme außerdem noch Zeit für Hobbies? Sicherlich ist der Zeitraum begrenzt, dennoch fliegt er weiterhin, spielt Tennis, Golf und anderes. Sein Traum ist der New Yorker Marathon, bisher blieb es jedoch auch nur ein Traum. Das Matterhorn hatte er vor zwanzig Jahren bestiegen.

Was macht einen erfolgreichen Anlagestrategen und Fondmanager aus? »Viel Arbeit, und das nicht immer nur am Schreibtisch, sowie eine enorme Portion Glück. Ich schaue mir viele Unternehmen selber an. Im Januar war ich zu diesem Zweck in Südkorea, einem Markt mit guten Langfristperspektiven«, erklärt er.

Im Fernsehen ist Thieme in Deutschland fast monatlich in der Telebörse auf SAT 1 zu erleben. Er gilt als einer der beliebtesten Gäste. In den USA bittet man ihn sogar wöchentlich zu den verschiedensten Fernsehstationen. »Einen optimistischen Deutschen mit verständlichem Englisch gibt es halt selten. Das kann selbst Henry Kissinger nicht bringen.«

Sein Marshall-Plan zur Finanzierung Ost-Europas hat allgemeine Beachtung gefunden. »Was nützt jedoch das Lob, wenn es an der praktischen Umsetzung hapert?« kritisiert der Börsenoptimist. »Dies ist das wichtigste Jahrzehnt der Menschheit schlechthin. Noch nie hatten wir die Chance, ohne Krieg gemeinsam weltweit etwas aufzubauen.« Und seine Prognosen? »Der Dow-Jones-Index wird in den 90er Jahren mindestens auf 5000 steigen, allerdings die 10000-Marke nicht überschreiten! Zinsen werden in diesem Jahrzehnt weltweit fallen. Inflation ist kein Thema, auch wenn es die Wirtschaftsexperten weiterhin beschäftigt. In den neuen Bundesländern entsteht die modernste Industriegesellschaft noch vor Ende dieses Jahrtausends.«

Gibt es Vorbilder? »Eigentlich keine, da jeder Mensch ein Unikat ist.« Doch Dr. Christians, der heutige Aufsichtsratsvorsitzende der *Deutschen Bank*, hat Thieme immer wohlwollend, wenn auch kritisch, unterstützt. Der ehemalige Bankdirektor Koenig verschaffte ihm den Zutritt in der Bank. Heute sind sie Freunde. Dr. Herrhausen, dessen tragischer Tod ihn persönlich sehr getroffen hat, gehört zu dem kleinen Kreis, die er bewunderte. Weiterhin gehören hierzu

Kostolany, John Templeton und der Ehrenvorsitzende des amerikanischen Brokerhauses *Bear & Stearns* und ehemalige Frankfurter John Slade. Freundschaften bedeuten neben der Familie alles im Leben.

»Am meisten haben mich jedoch meine Eltern und Familie geprägt. Sie stellen für mich das Zentrum dar. Die Aktivität und Einsatzfreude meiner Mutter sowie die philosophische Ruhe und Ausgeglichenheit meines Vaters sind mir noch heute ein Vorbild. Thiemes Schaffenskraft und sein Optimismus sind nicht nur für seine Mitarbeiter ansteckend und oft auch überwältigend. Er arbeitet oft Nächte durch, schüttelt sich morgens die Müdigkeit aus den Knochen, zieht ein frisches Hemd an und begrüßt seine Sekretärin mit einem fröhlichen »How are you today?«

»Es wird einem wirklich nichts geschenkt. In New York wird keiner zufällig reich. Da steckt immer harte Arbeit, viel Energie und eine gute Idee dahinter«, erklärt Thieme.

»Doch jeder hat die Chance die Ärmel hochzukrempeln. Die einzelnen Erfolgsstories zeigen, daß der Weg nach oben offen ist.«

MEIN PERSÖNLICHES NEW YORK:

RESTAURANTS:
Geheimtip: *La Panetière* in Rye [Connecticut], *Oyster Bar*, Grand Central Station [Vanderbilt/Lexington], *Window of the World* vor Sonnenuntergang [1 World Trade Center/107. Stock]. (Es gibt dort eine tolle Weinliste.) *Smith und Wollenski* [201 East/49 Street], *Margherita + Bianchi* [186 West/4 Street], ein Restaurant, in dem Opern vorgetragen werden, in der Wallstreet sollte man sich von einem Broker in den *City Midday Club* einladen lassen.

EINKAUFEN:
Zabar's – [79th/Broadway] für Lebensmittel. Anzüge kaufe ich in Goslar, man kennt mich, und ich verschwende keine Zeit. Ansonsten *Bloomingdales* für Hemden.

SPORT:
New York Athletic Club, Tennis, Fliegen, Golf, Skilaufen.

HOBBIES:
Klassische Musik, Zaubern

LIEBLINGSPLÄTZE:
Ums Lincoln Center, Kirche an der Fifth Avenue, Wallstreet. Pier 17

LITERATUR:
Fegefeuer der Eitelkeiten von Tom Wolfe

TIPS FÜR BESUCHER:
Steak im *Peter Lugar* [178 Broadway + Driggs Ave, Brooklyn], Oper in der Metropolitan oder Musical am Broadway, danach ins *Café des Artistes* [1 West 67 Street], Lunch im Museum of Modern Art, umgeben von Millionenwerten, *Rivercafe* in Brooklyn. Eine Gospelmesse in Harlem besuchen.

WOCHENENDE:
Oper, ich bin Mitglied der Metropolitan Foundation.

WOHNEN:
Auf dem Land in Connecticut

INGO:

Das Model prägte
das Männerbild der 70er
bis in die 90er Jahre

Daß Ingo aus Deutschland kommt, wissen in seiner Umgebung nur noch die wenigsten. Seine Aussprache ist perfekt amerikanisch, und sein Aussehen und seine Kleidung sind kosmopolitisch und damit typisch für New York. Er wohnt in einer der schönsten Gegenden Manhattans, der Upper West Side, in einem vierstöckigen alten Patrizierhaus am Riverside Drive auf der Höhe 80. Straße. Von der Terrasse unterm Dach hat Ingo einen tollen Blick über die Wipfel der breiten Platanen auf den Hudson River. Auch diese Wohnung spricht dafür, daß er schon lange in New York leben muß. Denn ein Appartement in dieser Gegend zu bekommen, ist wie ein Treffer im Lotto. Wenn man einmal hier wohnt, zieht man freiwillig nicht mehr aus. Es sei denn, man muß wegziehen oder man stirbt, doch auch dann steht der Nachmieter meistens bereits fest.

Es ist an einem dieser Traumtage in New York: Der Indian Summer hat die Blätter der Laubbäume in alle roten und gelben Schattierungen getaucht, die Sonne glitzert auf den Wellenkämmen des Hudson. Schiffe der Hudson Line mit den Rundfahrten für Touristen ziehen vorbei oder dicke, schwerbeladene Lastschiffe, und häufig sieht man eines dieser majestätischen Kreuzfahrtschiffe den Hafen von New York anlaufen. Ein Tag, an dem selbst die baufälligsten Häuser und die schlimmsten Elendsquartiere noch einen gewissen Zauber versprühen.

Ingo Thouret aus Hamburg kam vor 15 Jahren nach New York. Er hat eine der vielfältigsten und interessantesten Karrieren in New York gemacht. Eine Karriere allerdings, die nur in dieser Stadt möglich ist, weil sie an Extremen das meiste zu bieten hat. Thouret, ein Name, der vielleicht in Deutschland einigen Menschen noch in den Ohren klingen mag. Es gibt eine Thouret- Straße in Stuttgart, die der weiblichen Thouret-Familie gewidmet wurde. Ingos Großmutter Ilse war die erste und erfolgreichste Motorsportlerin aller Zeiten. Sie wurde als rasende Vespafahrerin bekannt, »eine Frau in Hosen«, die dann auf schwere Maschinen umstieg. Das war zu Beginn des Jahrhunderts eine absolute Sensation. Ilse, das Wunderkind von der Alster, bestritt 1932 bei einer Winterfahrt nach Berlin die erste Kon-

Thouret und seine berühmte Mutter

kurrenz mit einer 500er Horex. Unter mehr als tausend männlichen Teilnehmern fuhr sie die zweitbeste Leistung. Die 1320 Kilometer durch Schlamm und Eis, Nacht und Sturm waren nur der Anfang ihrer Rennerfolge. Neun Jahre lang war sie mit den besten Fahrern Seite an Seite die schwersten Rennen gefahren. Viele Medaillen, Ehrenpreise und höchste Anerkennungen des In- und Auslandes zeichneten den Weg dieser charmanten kleinen Frau. In einem Rennen in Baden-Baden hatte sie zwei Stunden Vorsprung herausgefahren. Statt nun durchs Ziel zu rasen, hatte sie sich heimlich in einer Tankstelle umgezogen und gewaschen. Als sie dann mit ihren weißen Handschuhen und frechem Hütchen als erste durchs Ziel fuhr, mußten erst die Lautsprecher die Geschichte aufklären, weil man glaubte, sie sei gar nicht gefahren.

Ingo erzählt die Episode über seine Großmutter gerne, nicht nur weil sie weibliche Rennfahrer-Geschichte schrieb, sondern weil sie Ingo ihren Abenteuergeist und die Risikobereitschaft vererbt zu haben schien. Ingos Mutter Elga und Schwester Anneliese setzten die

Rennfahrertradition der Familie fort und fuhren später zusammen mit der Oma als weltberühmtes Vespa-Racing-Team.

»Ich wurde von zwei sehr starken Frauen erzogen, meiner Mutter und Großmutter«, sagt Ingo. Mit acht Jahren war er schon ein kleines Erfolgskind und spielte in dem Monumentalfilm *Königin Luise* an der Seite von Ruth Leuwerik den preußischen Prinzen Wilhelm. Ingo wurde durch die Rolle des kleinen Prinzen als Kinderstar berühmt und war in den folgenden Jahren in über 17 Spielfilmen und Fernsehfilmen zu sehen. Seine Palette reichte von der Rolle des Olivers in der sechsteiligen internationalen Fernsehserie *Karl der Große* neben Matthieu Carrière, der Rolle eines Dichters in *Gauguins Leben* bis zur Rolle eines Kindermörders in *Zwei Finger an der Hand* mit Regisseur Georg Marischka.

»Meine erste Mörderrolle habe ich richtig genossen, vor allem weil ich ziemlich rumgetrickst habe, bis ich sie bekam«, sagt Ingo. »Ich trank eine Nacht lang durch und ließ mich im Hauptbahnhof mit versoffenem Gesicht vom Automaten knipsen und schickte das Foto an Regisseur Georg Marischka.« Der war so begeistert, daß er Ingo vom Fleck weg engagierte. Ingo spielte viele Rollen unter Regisseuren wie Peter Lilienthal, Roger Pigaut und Jean Delanoir. Die Kritiker lobten ihn in seiner Hauptrolle des Hans in *Udine* unter Rolf Thieles Regie als frisches junges Talent. Privatunterricht erhielt er von der bekannten Schauspielerin Else Quecke, die zu den Stardozenten der berühmten Falckenberg Schule in München gehörte, und schlug mit dem Studium an der Hochschule für Gestaltung in Berlin eine zweite Berufsrichtung ein.

»Ich konnte mich damals nicht entschließen, Schauspieler zu werden«, erzählt Ingo. Nach seiner Ausbildung in Berlin ging er an das Royal College of Art nach London, um Innenarchitektur und Grafik Design zu studieren. Noch während seiner Ausbildung fand Erscheinungsbild-Genie Otl Aicher, auf der internationalen Suche nach talentierten Grafikern, Ingo in London und engagierte ihn für die Abteilung der visuellen Gestaltung bei der Münchner Olympiade 1972. Sie gestalteten alles, vom Logo in der Flagge über das Maskottchen, den Kostümen der Hostessen bis hin zum Fernsehbild der Eröffnungsfeier. Einer der größten Aufträge danach war die Gestaltung des neuen Erscheinungsbildes des Zweiten Deutschen Fernsehens. Was wir heute noch über die Scheibe flimmern sehen, hat Ingo Thouret in Zusammenarbeit mit Otl Aicher kreiert.

Im Eiltempo ging es weiter. München, die Bavaria Filmstudios, waren damals nicht zuletzt durch Filmemacher wie Werner Herzog und Werner Fassbinder ein Anziehungspunkt für Künstler und Fotografen aus aller Welt. Ingo kam mit Modefotografen in Kontakt und begann, sich ein drittes Standbein als Model aufzubauen. »Ich war in Mailand, Paris und München erfolgreich tätig und kam zum ersten Mal auch nach New York«, erzählt Ingo. »Ich war wie elektrifiziert von der Stadt, so daß ich kurz darauf beschloß, nach New York auszuwandern.«

Die gesamte Mode-, Schauspieler- und Künstlerszene war in Bewegung geraten. Nachdem sich einige Jahre alles in London und danach in Paris und München zugetragen hatte, versammelte man sich Mitte der siebziger Jahre in New York.

»Es war nicht abgesprochen. Doch alle schöpferischen Menschen waren ständig auf der Suche nach neuen Ideen und einer neuen Umgebung. New York war das kreativste Pflaster. Die Stadt bot Abwechslung ohne Ende. Es war die große Zeit des Andy Warhol, eines Keith Haring und Robert Mapplethorpe. In New York ging die Post ab... Genau das reizte mich. Ich suchte eine neue Herausforderung.«

Ingo verkaufte sein ganzes Hab und Gut, inklusive aller Armani und Cerruti Anzüge auf einem Flohmarkt in München und fing in New York nochmals von vorne an.

»Es ist wirklich so, egal was man in Europa gemacht hatte oder war, das alles gilt in Amerika nichts. Ich fing mit kleinen Commercials an«, erklärt Ingo. Der Anfang war besonders hart, nachdem ein großer Filmagent Ingo erklärte: »Ein deutscher Schauspieler bringt es in Amerika zu nichts. Sie brauchen es gar nicht zu versuchen. Sie verschwenden nur Ihre Zeit.« »Ich lernte die Extreme von New York von Anfang an kennen«, sagt er. »Ein Tag ist voller Enttäuschungen, man

... feiert seinen Geburtstag mit Grace Jones

denkt, man schafft das nie, am nächsten Tag strahlt die Sonne und man bekommt ein Superangebot, an das man zuvor gar nicht zu denken wagte.«

Ingo bekam ein wirkliches Traumangebot: Die damals größte Modelagentur Wilhelmina gab ihm einen 100000 Dollar Modelvertrag. Das war ein Wahnsinns-Geld. Der Dollar stand 1:3, und die Lebenshaltungskosten waren nicht so hoch, wie sie heute sind. Ein großartiger Einstieg in die Glamourwelt New Yorks in den siebziger Jahren. »Es war wie im Film«, sagt Ingo. »Ich lernte die schönsten und interessantesten Menschen kennen, war jede Nacht unterwegs. Die Stadt boomte, das gesellschaftliche Leben blühte. Ich kam immer besser ins Geschäft. Neben meinem Job bei Wilhelmina, der mich durch die Welt reisen ließ, kamen kleinere Film- und Fernsehrollen und ein sehr eigenartiger Werbefilm für die Stadt New York hinzu. Ich sollte als Schweizer in Lederhosen in den New Yorker Bergen klettern und sagen: ›I am from Switzerland, but I love New York.‹«

Der Werbespot flimmert immer noch bei allen Großveranstaltungen oder bei der Präsentation von New York City in aller Welt über die Scheibe. Zuletzt durften die Japaner Ingo Thouret aus Hamburg als Originalschweizer in Lederhosen aus Bayern bewundern! Ich wette, diese eigenartige Mischung ist in Japan niemandem aufgefallen.

Antonio Lopez, einer der führenden Illustratoren, der Jerry Hall und Ingo Thouret zur gleichen Zeit in Paris entdeckte und mit der ganzen Gesellschaft nach New York ging, schrieb damals über den Männerstil der 80er Jahre: »New York hat ein neues Männerideal. Entgegen ihren Vorgängern sieht diese neue Männergeneration nicht nur sportlich, durchtrainiert und blendend aus, sondern sie ist höflich, zuvorkommend und sehr gebildet. Diese neuen Männer sind häufig im Film- und Modellgeschäft vertreten und mit vielen anderen Fähigkeiten gesegnet. Einer dieser neuen Männer, der das Bild mitprägte, ist Ingo Thouret. Er hat soviel Talent, daß er nicht wie eine Sternschnuppe verglüht, sondern lange und in vielen Branchen auf dem Markt tätig sein wird.«

Antonio hatte Recht. Kurze Zeit später bekam Ingo einen neuen Superauftrag. Er sollte die internationale Werbung für die Firma *Cacharel* machen.

»Ich bin vier Jahre lang mit dem Weltklasse Fotografen Art Kane für diese Werbung durch die Welt geflogen. Es war ein toller Gag, der in der Werbeindustrie bisher einzigartig war und für Aufsehen sorgte: Ich rannte in der Wüste vor einem startenden Flugzeug her, während Kane im Auto vor mir wie ein Verrückter eine Rolle nach der anderen schoß. Diese Kampagne stellte die höchsten Anforderungen an meine Kondition und Ausdauer. Sie sollte den starken, sportlichen, durchtrainierten Mann zeigen. Eine Werbung, die sehr viele Preise gewonnen hatte.«

Ein guter Auftrag folgte dem anderen. Nach *Cacharel* sah man Ingo auf den Titelblättern aller großen Mode- und Lifestyle-Zeitschriften dieser Welt, auf dem Cover von *Esquire* sogar zweimal in einem Jahr, was noch kein männliches Modell vor ihm geschafft hatte. Werbung für *Remy Martin*, *BMW* und *Mercedes* folgten.

... die Werbung,
die ihn zu einem der gefragtesten Models machte

Wie stellte sich der Erfolg so plötzlich ein? Ingo: »Wenn man einmal gut im Geschäft ist, wie ich es mit *Cacharel* war, dann ist es nicht mehr so schwierig. Doch ich glaube, ich habe den Auftrag bekommen, nicht nur weil mein Typ gesucht wurde, sondern weil ich in der Branche als absolut zuverlässig galt. Ich bin auch nach den ersten Erfolgen nicht ausgerastet. Das passiert in unserem Geschäft leider zu häufig. Die Leute sehen das erste große Geld und flippen aus.

Außerdem profitierte ich von meiner Erfahrung als Schauspieler. Ein gutes Modell sollte sich mit einer Story oder mit einer Situation identifizieren können, dann werden die Aufnahmen besser. Ich will erklären, was ich meine: Beispielsweise gibt mir jemand einen Smoking und sagt, wir machen heute Nacht Modeaufnahmen. Nun denke ich mir eine Geschichte dazu aus, die ich spiele, während der Fotograf seine Bilder macht. Der Fotograf würde nie auf die Idee kommen, ein Filmdirektor dagegen schon. Ich stelle mir vor, gerade in einer Limousine zu einer Party zu fahren. Viele Leute und Fotografen stehen vor der Tür und warten auf mich. Ich fühle mich beobachtet und werde beim Aussteigen aus der Limousine ein fröhliches und erwartungsvolles Gesicht machen. Denn ich will bewußt mit dem Ziel aussteigen, zu einer Party oder zu einem Opening zu gehen, und die Fotografen sollen meine Vorfreude aus meinem Gesicht lesen können. Der Gesichtsausdruck eines Menschen ist doch ein anderer, wenn er zu einer Verabredung geht oder wenn er einen Vertrag über eine Million Dollar für eine Immobilie unterschreibt. So habe ich von der Schauspielerfahrung profitiert«, sagt Ingo.

Wahrscheinlich wäre Ingo heute Filmdirektor, Schauspieler, Grafiker oder nur noch Model, hätte nicht ein Schicksalsschlag sein Leben ziemlich verändert. 1983 starb sein bester Freund in New York plötzlich an Aids. Nur wenige Wochen nachdem er von der Krankheit erfuhr, ging es rapide bergab. Beeinflußt durch das Schicksal seines Freundes und der gesamten Aidswelle, die in jenen Tagen New York ergriff und die Stadt nie wieder losließ und das Leben vieler Menschen veränderte, entschloß sich Ingo für die Forschung, für die Behandlung der Aidskranken Geld zu organisieren.

»Plötzlich waren andere Dinge in meinem Leben wichtig geworden«, sagt Ingo. »Ich begann, in New York die ersten Aids-Benefizgalas zu organisieren und hatte großen Erfolg damit. Ich kannte viele bekannte und reiche Leute und machte mir die große Spendenbereitschaft auf Grund der Bedrückung durch die schreckliche Krankheit zunutze.«

1987 lernte Ingo den Arzt Dr. Jonathan Annis und seine Frau Deanna kennen, die ebenfalls einen Freund an Aids verloren hatten, und sie organisierten gemeinsam die erste große Sommer-Aids-Benefizgala »Sunday by the Bay« in Bellport auf Long Island. Dieses Sommerfestival entwickelte sich zur größten Veranstaltung dieser Art. Immer mehr Schauspieler und Prominente gehören inzwischen dem Organisations-Komitee an, große Namen wie Isabella Rossellini, Glenn Close, Raul Julia, Elizabeth Taylor, Roy Lichtenstein und Joan Rivers. Der Reinerlös dieser Veranstaltung, der in die Aidshilfe fließt, liegt inzwischen bei knapp zwei Millionen Mark.

»Einer meiner schönsten Erfolge«, sagt Ingo Thouret. »Man kann heutzutage an solch schrecklichen Krankheiten einfach nicht teilnahmslos vorbeigehen und hoffen, daß es dich selbst nicht trifft. Aids ist keine Sünde, sondern eine Krankheit, und jeder sollte sich engagieren. Das Schöne an New York ist, daß immense Beträge freigemacht werden, um anderen zu helfen. Denn jeder erinnert sich an seinen Anfang in der Stadt und freut sich, Glück gehabt zu haben und zu Geld gekommen zu sein, und will den anderen Glückloseren helfen. New York wird nicht umsonst als Schmelztiegel aller Völker bezeichnet. Die Stadt ist wie eine Arche Noah, in der sich alles sammelt, was Verfolgung und Hungersnot entronnen ist.«

Eine Stadt zum Überleben und für die Überlebenden. Der New Yorker bewegt sich mit Vorsicht auf der Straße, hellhörig wie ein Reh auf freier Wildbahn, auf böse Überraschungen stets gefaßt. Er meidet dünn besetzte U-Bahnen und schlecht beleuchtete Nebenstraßen. Das ist keine Stadt für Dünnhäutige. Die rauhen Ecken des New Yorkers sind ein Produkt der ständigen Widrigkeiten, sein Panzer gegen die Unbilden von Mensch und Natur. Man hält sich nicht lange mit

Höflichkeiten auf, der Ton ist rauh und kurz, oft patzig oder mürrisch. Nur in seiner Neighborhood, in seinem Viertel, fühlt man sich sicher. Hier wird man nicht übers Ohr gehauen, im Gegenteil, jeder hilft und leiht auch aus.

»New York hat sich in den letzten Jahren sehr verändert. Es ist ruhiger und weniger kreativ geworden. Nicht zuletzt durch die Aidswelle zieht man sich zurück. Ich bin gerne in meiner Neighborhood – das ist Uptown. Dort gehe ich einkaufen, zum Schuster und zur Reinigung. Hier fällt es auf, wenn ein Laden geschlossen wird, ein neuer aufmacht, wenn Frau Smith wieder schwanger ist oder der Hund von Herrn Bioty krank ist.« Man braucht seine kleine vertraute Umgebung, sagt Ingo, wahrscheinlich heute nötiger als jemals zuvor. »Die Neighborhood gibt einem den Halt, das Rückgrat und gewährt den Unterschlupf. Meine Neighborhood ist meine kleine Oase.

Es gibt Wochen, da brennt einen diese Stadt mit all ihren Problemen völlig aus, da hilft auch die Neighborhood nicht weiter. Man hat keine Energie, ist kraftlos und müde, depressiv und enttäuscht. Dann fahre ich, anstatt den ›shrink‹ (Psychiater) aufzusuchen, meist nach Bellport auf Long Island und tanke Luft. Ich habe ein herrliches Haus am Meer. Dahin ziehe ich mich zurück und sammle mich. Ich mache Strandspaziergänge, fahre Wasserski und treffe nette Freunde.«

Ist Ingo reich? Erfolgreich?

»Ich habe wie gesagt das Haus auf dem Lande, eine Wohnung in der Stadt, zwei vermietete Eigentumswohnungen, ein Auto, ein Motorboot. Wenn ich das alles aufzähle, bin ich sicherlich nicht arm. Doch was mich persönlich reich macht, ist die Freiheit, die ich mir geschaffen habe, Dinge zu tun, die mir gerade besonders wichtig erscheinen – wie diese Aidshilfe.

Erfolg in New York ist schon anders als in anderen Städten dieser Welt. Die Konkurrenz ist größer, gnadenloser und unbarmherziger. Entweder man läßt sich in den Sog powernder Menschen ziehen und macht mit, versucht sich im Strudel über Wasser zu halten, sich einen Freiraum zu schaffen mit seinen Ideen und Fähigkeiten und wird erfolgreich. Oder man geht unter, dann aber gnadenlos. Es gibt nur diese beiden Möglichkeiten. Die Berufswelt kennt kein Pardon. Es gibt keine Halbwahrheiten. New York hat mich daher immer gereizt, ich habe mich gerne den Anforderungen dieser Stadt gestellt. Aus manchen holt die Stadt das Beste heraus, entfaltet Talente, die anderswo verborgen geblieben wären. Andere fühlen sich behindert und erdrückt, in ihrem Wert gemindert und verkannt.

New York ist eine Herausforderung, an der man sich beweisen muß. Auswärtiger Ruhm, bisherige Karriere gelten hier wenig, jeder muß von vorne beginnen. Die Einsätze sind hoch, die Gewinne ebenso. Ich liebe dieses Roulette, das täglich neu beginnt. New York ist wie ein Magnet, der mich in seinen Bann zieht und mich nie lange ausruhen läßt. So fühle ich mich nach drei Tagen auf dem Land unwiderstehlich angezogen und bereit, mich auf ein neues Abenteuer einzulassen.«

Ingo arbeitet, wenn er nicht gerade mit seinen Benefizgalas beschäftigt ist, als Model für *Omar's Men*, eine neue junge Agentur, und organisiert die US-Parties des Hamburger Modedesigners Wolfgang Joop. Vielleicht der Beginn einer neuen Karriere auf dem PR-Gebiet. Es geschieht ständig etwas Neues, und das ist typisch für die Stadt.

»Oft denke ich auch, wieder einmal habe ich eine Woche in dieser Stadt überlebt, eine Stadt, die alles von dir will und nimmt. Das macht mich stolz, ich fühle mich wohl, auch das würde ich als kleines Erfolgserlebnis bezeichnen.«

MEIN PERSÖNLICHES NEW YORK:

RESTAURANTS:
Jour et Nuit, Japaner um die Ecke, *Florent* in der Schlachthofgegend

CLUBS:
Heute gehe ich nicht mehr aus in dem Sinne, sondern gehe zu Einladungen von Freunden. Ein Geburtstag im *China Club*, eine Benefiz-

party im *Limelight* oder an der Brooklyn Academie of Music. Ich liebe die Energie und Gegensätze in den Clubs der Schwarzen, wie dem *Shelter* und der *Sound Factory*, da geht es von ein Uhr morgens bis zum nächsten Mittag.

Jeden Sommer organisiere ich die große Benefizparty »Sunday by the Bay«.

EINKAUFEN:
Zabars, das tollste Delikatessengeschäft an der Upper West Side, *H & H Bagel Store*, da gibt es die köstlichen Brötchen rund um die Uhr.

KLEIDER:
Armani, Joop, Boss und Levi's Jeans. Durch die Modeaufnahmen trage ich immer die neuesten Kollektionen, die es noch gar nicht zu kaufen gibt.

BROOKLYN, BRONX ODER HARLEM:
Ich gehe nie aus Manhattan raus. Falls ich mich verfahren sollte, fängt mein Herz an zu rasen und mir wird angst. Tom Wolfe hat das in *Fegefeuer der Eitelkeiten* sehr gut beschrieben. Lädt mich jemand zum Kaffeetrinken nach New Jersey oder Brooklyn ein, sage ich dankend ab. Viele Freunde, die downtown wohnen, sagen, sie bekommen Nasenbluten, wenn sie uptown fahren. Das ist natürlich übertrieben, aber typisch für New York.

LIEBLINGSPLÄTZE ODER GEBÄUDE:
Staten Island Fähre. Für 2.50 Dollar hat man einen herrlichen Ausblick auf Manhattan und die Freiheitsstatue. Beakman Tower, Metropolitan Museum, Triborough Bridge

KÜNSTLER:
Fotografen: Annie Leibowitz, Steven Meisel, Bruce Weber, David Hockney

SCHRIFTSTELLER:
Norman Mailer

FREIZEIT:
Verbringe ich in meinem Haus in Bellport auf Long Island beim Joggen, Tennis oder Wasserski fahren. Meine intime Oase. Freitagabend freue ich mich auf Ruhe und Besinnlichkeit. Montagfrüh dann wieder über die Triborough Bridge fahrend auf das pulsierende Leben von New York City.

Agenturchef

THOMAS

aus Mannheim:

»Auf ihn hören
die schönsten Frauen der Welt.«

Ihn beneiden alle Männer – aber nicht, weil Thomas Zeumer der große Frauenschwarm ist, sondern weil er ständig auf der Suche nach den schönsten Mädchen der Welt sein darf, rein beruflich und mit großem Erfolg – denn der Deutsche leitet eine der besten Modelagenturen in New York.

Auf Thomas hören Claudia Schiffer, Margaux Hemingway, Tahnee Welch, Eva Herzigova, Michaela Bercee, Erinn Cosby, Tochter von Bill Cosby – und er berät Steffi Graf.

Metropolitan Model Management, 5 Union Square, New York: Vor 10 Jahren mietete Thomas Zeumer die Räume im fünften Stock für die Agentur. »Ich hatte damals meine erste Million unterschrieben. Auch wenn es nur ein Mietvertrag war. Es war die erste Dollarmillion.«

Seit Thomas mit den schönsten Mädchen der Welt am Union Square eingezogen ist, ist die Gegend zum magischen Anziehungspunkt von Fotografen, Presse und Schaulustigen geworden. Der Coffee Shop an der Ecke wurde zum berühmten New Yorker In-Treff, die Verkäufer auf dem Farmersmarkt mit ihren Ständen zur beliebten Kulisse für Modeaufnahmen. Selbst der Doorman bekommt auf seine alten Tage wieder glänzende Augen. Die Welt der schönsten Frauen. Eine faszinierende Welt. An den Wänden der Agentur hängen die Cover der internationalen Zeitungen mit den Mädchen. Allein Deutschlands schönste Frau ist mit über hundert Titeln vertreten. Claudia Schiffer, das Zugpferd der Agentur, von allen Mädchen beneidet und bewundert, hat in Thomas einen Manager gefunden, der sie perfekt betreut, berät und ihr Image auf- und ausbaut. Claudias Karriere wurde nur mit Image aufgebaut. Es paßt in die Stimmung der neunziger Jahre. »Claudia hat Sexappeal und ist sehr feminin und dennoch keine Bedrohung für die weibliche Welt. Claudia wird sowohl von Männern als auch von Frauen bewundert und akzeptiert«, erklärt Thomas.

Souverän die Haltung des Agenturchefs. Professionell, zuverlässig, blitzschnell und mit einem guten Riecher ausgestattet für das, was übermorgen gefragt ist: Thomas Zeumer, 1955 in Hamburg geboren, in Mannheim aufgewachsen, hat in kurzer Zeit eine phantastische Karriere gemacht.

»Wenn ich in Deutschland geblieben wäre, hätte ich genau gewußt, was in den nächsten fünf Jahren passiert wäre. Das ist doch langweilig«, sagt Thomas. »Hier passiert täglich etwas Neues. Man hat nicht einmal Zeit krank zu werden. Das gefällt mir.«

Thomas Zeumer macht die Tür zu, stellt das Telefon zu seiner Sekretärin um und läßt uns hinter die Kulissen seiner Welt schauen. Wie er es geschafft hat, erfolgreich und anerkannt zu sein und das härteste Pflaster der Welt zu seinem trittsicheren Playground zu machen. Seine Story ist spannend. Er erzählt konzentriert und schnell. Im New Yorker Alltag gilt es keine Zeit zu verlieren.

»Meine Eltern gehören zu den ältesten Pelzhändlern in Deutschland. Durch ihr Geschäft in Mannheim habe ich sehr früh die Liebe zur Mode entdeckt«, erzählt Thomas.

Die Folge: Abitur, Großhandelskaufmannslehre in Frankfurt. Studium am Chambre Syndicate de la Haute Couture in Paris, der einzigen Haute-Couture-Schule der Welt. Diplom als Modedesigner und Stylist. Arbeit bei den Modezaren Joop und Valentino in Amerika.

»Jeder sprach damals über New York. Es war die große Sache, nach New York zu gehen. Zuerst schnappte ich mir jeden, der aus dieser Stadt kam und ging mit ihm zum Abendessen. Dann beschloß ich, endgültig nach New York zu gehen. Meinen Eltern erzählte ich, es sei nur für zwei Wochen und erbettelte von ihnen ein Billigflugticket.«

Thomas war 23 Jahre alt und voller Elan. Doch was dann kam, war erst mal nicht so faszinierend. Er fuhr mit dem Bus vom Flughafen nach Manhattan, mietete sich in einem kleinen, billigen, aber auch schmuddeligen Hotel ein. Nachts wurde sein Zimmer lebendig. Er machte die erste Bekanntschaft mit Kakerlaken aller Größen und Formen. Am Tage saß er in der kleinen Bude und wälzte das Branchenverzeichnis und kurbelte am Telefon. »Doch ich war ein Nobody. Ich kannte niemanden, außer einem Pelzhändler, ein Bekannter meiner Eltern. Er sagte damals in Deutschland, wenn du mal in New York bist, komm doch vorbei. Daß das in New York jedoch absolut nichts heißen muß, habe ich gleich erfahren«, erzählt Thomas. Nach dem zehnten Anruf ist es ihm schließlich gelungen, den Mann zum Lunch zu bewegen. Typ eiskalter New Yorker. Er hatte keine Zeit. Daher erklärte er ihm gleich, daß es keinen Sinn hätte hier zu bleiben. »Ich sollte besser wieder zurück nach Deutschland. Ich bekam keinen Bissen runter. Es war schrecklich. Ich war total deprimiert. Doch plötzlich zog eine Gestalt meine Aufmerksamkeit unwillkürlich an. Ein gemütlich aussehender dicker Typ, der eine noch dickere Zigarre im Mundwinkel hatte, schien an einem der hinteren Tische eine lustige Unterhaltung zu haben. Ich war fasziniert von diesem Mann. So hatte ich mir in meinen Träumen einen erfolgreichen New Yorker vorgestellt. ›Wer ist das‹, fragte ich mein Gegenüber. Er wisperte fast ehrfurchtsvoll, das ist der Präsident von *Revillon*. ›Kennst du den‹, fragte ich. ›Kaum‹, sagte mein Gegenüber. Nach langem Hin und Her konnte ich ihn überreden, mich dem Typ vorzustellen.

Von dieser Sekunde an fing New York an, Spaß zu machen...

Amerika ist in der Hinsicht locker und tolerant. Man kann zu jedem Menschen hingehen – selbst wenn man ihn nicht besonders gut kennt – und kann ihn fragen: ›How are you today?‹ – und er wird einem höflich antworten. Der gemütliche Dicke musterte mich aufmerksam und fragte mich, was ich in New York mache. Ich antwortete: ›Ich will ins Modemanagement.‹ Mit einem ›Schau mal bei mir vorbei‹ sind wir verblieben. Völlig unverbindlich.

Am nächsten Tag zog ich meinen Anzug an und marschierte in seine Firma. Ein Riesenladen. Ich bekam fast Angst vor meiner eigenen Courage. Der Dicke saß in einem schweren Ledersessel, die Beine auf dem Schreibtisch, eingehüllt in eine dicke Zigarrenwolke... ›Setz dich hin‹, sagt er – in diesem Moment begann eine lange Freundschaft zwischen uns. Ich hatte verdammtes Glück gehabt. Meine Ideen und meine Person müssen ihm gefallen haben, denn er wollte mich gleich als Vizemarketingchef einstellen. Klingt ziemlich unglaublich. Ich dachte für mich, der macht einen Witz. Doch es war ihm ernst.«

Thomas flog nach Deutschland zurück, weil er seine Papiere für ein Visum zusammenstellen wollte. Als ihn auch seine Eltern für einen

Thomas Zeumer mit Steffi Graf

leichtgläubigen Dummkopf hielten, rief er den Dicken von zu Hause aus an und fragte, was mit dem Deal sei. »Alles klar, wir haben bereits einen Antrag gestellt, damit du dein Visum gleich bekommst.« Es war phantastisch. »Ich kam in New York an, bekam mein Visum, eine Limousine holte mich ab und brachte mich zum Präsidenten von *Revillon* nach Hause. Ich sollte erst mal bei ihm wohnen, bis ich etwas gefunden hätte.«

Die Firma sponserte Thomas wirklich. Sie hatte nachgewiesen, daß er der einzige sei, der diesen Job ausüben konnte. Sonst hätte er nie eine Arbeitserlaubnis bekommen. Es war Thomas fast peinlich. »Ich mit 23 – Vizepräsident bei *Revillon*«, staunte er. Drei Tage später saß Thomas in der vornehmen Fifth Avenue im Modedepartement der berühmten Firma.

»Ich war am Anfang sicherlich keine Hilfe für die Firma. Ich glaube sogar, daß die Firma Geld mit mir verloren hat«, gibt Thomas ehrlich zu. Erst sehr viel später erzählte mir mein Sponsor, warum er überhaupt dieses Vertrauen in mich setzte. Er selbst war ein typischer Selfmademan, der aus der Bronx stammte und sich wirklich vom Tellerwäscher zum Präsidenten der Firma hochgearbeitet hatte – mit Mut, Selbstbewußtsein und der fixen Idee, Erfolg zu haben. Als ich plötzlich auftauchte, habe ich ihn sehr an seine eigene Anfangszeit erinnert, und er war sich sicher, daß ich es zu etwas bringen würde. Er wurde mein bester Freund. Wir sind zusammen um die ganze Welt gereist. In New York war damals das fast schon legendäre *Studio 54* angesagt. Eine dekadente Zeit. Jeden Abend mit der Limousine in den Club, umgeben von großen und berühmten Namen befand ich mich plötzlich inmitten der Gesellschaft von New York City. Ich lernte unglaubliche Leute kennen – mit denen ich auch heute noch befreundet bin...

Bis zu dem Tag, als ich in der Firma einen Fehler machte. Eigentlich konnte ich nichts dafür. Ich wurde in die Situation regelrecht reingepreßt: Mein Freund, der Präsident von *Revillon,* sollte zu einer großen Geschäftseröffnung in einem Departement Store in Chicago eine Rede halten und wurde krank. Er wollte, daß ich an seiner Stelle dahin gehe und die Eröffnungsrede halte. Ich weigerte mich, sagte, es würde mir doch kein Mensch glauben, daß ich in meinen jungen Jahren Präsident von *Revillon* sein würde. Er bestand darauf – und ich flog erster Klasse nach Chicago. Eine weiße Limousine holte mich ab, im Wagenfond eine Bar mit Champagner und ein blondes Mädchen im weißen Nerz. Ich kam mir vor wie im Film – völlig unwirklich und absurd. Mit einem leichten Schwips wurde ich auf die Rednerbühne geschubst und begann irgendeinen Unsinn zu erzählen – vor 600 Leuten, darunter die gesamte Prominenz von Chicago –, mir lief der kalte Schweiß runter. Ich faselte etwas von der großen Ehre, hier sein zu dürfen und wünschte dem Geschäft großen Erfolg mit der Unterstützung von *Revillon.* Als ich glücklich in mein Bett sank, heilfroh alles überstanden zu haben, hatte ich keinen Schimmer, was sich über mir in dieser Nacht zusammenbraute.

Erst die Headlines am nächsten Tag ließen Schlimmes erahnen: ›Präsident von *Revillon* verspricht Departementstore Kredite.‹«

Als Thomas ins Büro in New York kam, war der Chairman der Firma bereits aus Paris angereist. Er sah aus wie Charles de Gaulle und herrschte ihn an: »What the hell are you doing? Do you think you are God?« Thomas wurde in die *Revillon* Abteilung des Kaufhauses Sixth an der Fifth Avenue strafversetzt – und kündigte.

Kurz darauf bekam er einen Beratervertrag bei *Elizabeth Arden*. Das ging jedoch nicht lange gut. Es war ein antiquierter Laden. Die jüngste Verkäuferin war vielleicht 65. Thomas sollte zwar den Laden aufpeppen, rannte jedoch nur gegen Wände. »Ich buchte damals Models und Fotografen für Modeschauen und ärgerte mich immer fürchterlich, weil sie einfach nicht zuverlässig waren. Die Agenturen boten einen schlechten Service, entweder kamen die Mädchen zu spät oder sie waren nicht, wie ich sie haben wollte, oder ich hing stundenlang bei der Agentur in der Leitung, bis etwas passierte. Das war einfach nicht professionell«, erzählt Thomas. Dabei ist das eine toll bezahlte Serviceleistung. »Das muß doch laufen«, sagte ich mir. Ich hatte Blut geleckt und habe ein Jahr lang Recherchen über die Modelbranche angestellt, mit Brokern gesprochen, versucht Zahlen zu bekommen. Ich schrieb darüber eine 200 Seiten lange Abhandlung und fühlte mich reif, eine Agentur aufzumachen. Ich fand die Lokalitäten ziemlich schnell – am Union Square, wo wir heute sind.

Damals war das eine Gegend, von der niemand sprach. Ich hatte 150000 Dollar in das Geschäft gesteckt und meinen ersten Millionen-Mietvertrag unterschrieben. Doch die ersten eineinhalb Jahre lief nicht viel – ich war fast am Boden, als die Pariser *Metropolitan* Agentur einen Partner in New York suchte. Ich bot ihnen meine Lokalitäten an, mein Wissen über den amerikanischen Markt und konnte mit den Parisern einen Deal machen. Kurze Zeit später war der Union Square total in, die Preise stiegen ins Astronomische, und eine Claudia Schiffer tauchte aus der Düsseldorfer Versenkung auf – und wurde zu unserem Shooting Star. »Sie arbeitet vorbildlich, hat Disziplin – auf sie ist immer Verlaß. Und genau das ist das A und O in dieser Branche. Wie oft schon sind Millionenverträge geplatzt – nur weil ein Mädchen eine lange Nacht hatte oder Liebeskummer und verheulte Augen«, sagt Thomas. »Die Fusion mit der Pariser Agentur klappte hervorragend. Ich hatte – wie ich durch andere Angebote plötzlich bemerkte – auch einen guten Namen in der Modeindustrie. Unsere New Yorker Agentur überflügelte den Stammsitz Paris schnell im Umsatz – wir sind in den ersten Jahren bei zehn Millionen gewesen und der Umsatz stieg von Jahr zu Jahr...«

Thomas half der zweiten Karriere von Margaux Hemingway nach. Rechtzeitig zum 30. Todestag ihres berühmten Großvaters brachte er die schöne Enkelin wieder ins Rampenlicht. Sie versprach, nicht mehr zu trinken und auf ihre Figur zu achten. Dafür hat sie jetzt eine neue Macke – Margaux meditiert, scheut daher manchmal die Öffentlichkeit. Beinahe wäre ein Auftritt bei Thomas Gottschalk geplatzt. Erst in letzter Sekunde konnte Thomas Zeumer sie noch umstimmen. »Ein hartes Stück Arbeit«, sagt er. Der Aufstieg des Thomas Zeumer war nicht zu bremsen. Seine neueste Errungenschaft kommt aus der Tschechoslowakei: Eva Herzigova, ein Traummädchen mit langen blonden Haaren. Während ihr Vater noch in der Kohlengrube bei Prag schuftet, posiert sie schon für Edelmagazine. Doch momentan ist fast nur Claudia Schiffer gefragt. Bei der allgemeinen wirtschaftlichen Rezession in Amerika will keiner mehr ein Risiko eingehen – und Claudia Schiffer auf dem Titel einer *Vogue* –, das ist kein Risiko, sondern läuft todsicher!

Das Erfolgsrezept des Thomas Zeumer? Die Antwort für die Modelwelt: »Qualität zählt und nicht Quantität. Ich will die Karriere der Mädchen behutsam aufbauen, sie nicht verheizen.« Das hat sich bewährt. Inzwischen hat der clevere Geschäftsmann neben der New Yorker Agentur eine Niederlassung in Miami, 20 Mitarbeiter, 12 Millionen Mark Umsatz. Sein nächstes Ziel: berühmte Sportler und Schauspieler zu beraten und eigene Filmproduktionen zu machen. Er hat beispielsweise einer gemeinsamen Produktion mit Gottschalk zugebilligt, um das Modelgeschäft einem größeren Publikum nahezubringen. Zusammen mit dem beliebten Showmaster und einer Frauenzeitung sucht die Metropolitan Agentur in einem großen Wettbewerb eine Nachfolgerin für Claudia Schiffer. Was die Fern-

... und eine glückliche Familie

sehproduktionen anbelangt, so macht Zeumer gerade die Produktion für eine Placido Domingo Tournee und danach eine TV Serie – ähnlich Denver oder Dynastie – über die Welt der schönen Frauen, seiner Modelle.

»Wer in New York Erfolg hat«, sagt Thomas Zeumer, »das spricht sich weltweit herum und lanciert natürlich ungeheuer die gesamte Karriere. Wer hier keinen Erfolg hat, ist spätestens nach einem Jahr wieder von der Bildfläche verschwunden. Ich persönlich habe hier Erfolg, weil ich die Stadt verstehe und weil sie mich versteht. Die Stadt ist wie geschaffen für Leute, die aus der Norm fallen. Ich wurde beispielsweise in Deutschland mit meinen Ideen immer mißverstanden. In New York dagegen hat man die Möglichkeit, seine Ideen zu verwirklichen – egal ob gut oder schlecht. Was man daraus macht, bleibt einem selbst überlassen, und das ist fair.

Ich habe meine Fähigkeiten hier entdeckt: ein ganz bodenständiges Gefühl dafür zu haben, was Menschen und Ideen anbelangt, was gefragt ist und was Zukunft hat.«

Woran merkt man, daß man es geschafft hat?

»Früher habe ich Leute um einen Gefallen gebeten – heute kommen sie zu mir. Das ist mir viel lieber«, sagt Thomas.

In diesem Moment kommt seine Sekretärin in den Raum und liefert einen Stapel an Gesprächsnotizen ab – in den zwei Stunden unseres Gesprächs riefen ungefähr 60 Leute an und wollten Thomas sprechen. Auch ein Zeichen dafür, gefragt zu sein.

Thomas ist wirklich ein dufter Typ, dem der Erfolg nicht zu Kopf gestiegen ist. Er weiß, in New York ist Erfolg labil – heute on the Top und morgen kann es umgekehrt sein. Das macht den Menschen demütig, tolerant und locker.

Locker ist auch sein Umgang mit Stars. Steffi Graf beispielsweise – eine gute Freundin von Thomas – wird in New York genauso behandelt wie alle anderen. Der Tennisstar findet das in Ordnung. Ruft die Tenniskönigin in der Agentur an, dann notiert die Dame an der Telefonzentrale: Bitte Garf oder Graf zurückrufen – Sie haben die Nummer. Stimmt. Thomas hat die Nummer! Nur, wer ist gemeint. Garff ist der Fotograf und Graf die Tennisspielerin. In Deutschland wäre man schon ausgerastet. In New York sieht man das locker. »Steffi fühlt sich viel wohler hier. Sie kann hier einkaufen gehen, oder wir gehen zusammen zum Essen. Wenn man sie erkennt, grüßen die Leute höflich – und man läßt ihr ihre Ruhe. Es gibt in New York zuviele Stars. Die Amis rasten bei dem Kult um die VIPs nicht aus«, erklärt Thomas.

»Steffi ruft an, wenn sie in New York ist. Ich nehme sie mit zu Modeschauen und sie mich zu Turnieren«, erzählt Thomas. So entstand irgendwann einmal ein Foto, das um die Welt ging: Steffi bei einer Modegala in New York – an der Seite einen gutaussehenden blonden Unbekannten. Ihr neuer Freund? Ihre neue Liebe? Es war Thomas Zeumer – ihr guter Freund. Und was sagt Ehefrau Betsy zu Thomas Beruf – zu seinen schönen Frauen.

Ist sie nicht eifersüchtig? »Nein, denn ich kenne die meisten Modelle. Was die Mädchen machen, ist verdammt harte Arbeit und kein heißer Flirt. Das Wichtigste aber ist: Thomas gibt mir das, wonach sich alle Frauen sehnen – das Gefühl, die einzige und schönste Frau für ihn zu sein.« Wie haben sich die beiden kennengelernt?

Eine ziemlich verrückte Begegnung, die erst gar nicht zu funktionieren schien. Thomas wohnte – nachdem er die New Yorker Krankheit überwunden hatte und in acht Jahren über zwanzig Mal umgezogen war – in einem schicken Penthouse im 52. Stock an der Westside von Manhattan. Caroline von Monacos Ex-Ehemann Philipp Junot war nach seiner Scheidung nach New York gekommen und mit Thomas Zeumer zusammengezogen. Im Penthouse daneben wohnte die Kennedy-Nichte Maria Shriver. Eine große Doppelfete war geplant – die Freiheitsstatue hatte 100. Jahrestag. Es wurde ein ziemlich wildes Fest. Maria Shriver lernte Arnold Schwarzenegger kennen und Thomas Zeumer seine Betsy, Model und Schauspielerin.

»Es begann mit einer wunderschönen Nacht. Dann verlor ich Betsy aus den Augen. Eines Tages rief sie bei mir an und sagte, sie sei schwanger. Sie stamme aus einem guten Elternhaus und wolle das Kind haben – nur mich nicht. Ich war ziemlich sprachlos und wußte nicht, was tun. Einige Wochen später kam ein zweiter Anruf. Ihre Eltern würden nach New York kommen und wollten mich kennenlernen. Ich war bestürzt, erfreut – es drehte sich alles in meinem Kopf. Der Vater, Präsident einer Arzneimittelfirma, fragte mich, ob ich denn seine Tochter nicht heiraten wollte. Ich wolle schon, doch seine Tochter wolle mich nicht. Der Vater gab sich zufrieden und sagt, er werde seine Tochter unterstützen. An dem Abend lernten Betsy und ich uns näher kennen – sie war im dritten Monat. Danach trafen wir uns regelmäßig. Das Ergebnis: Als sie im sechsten Monat war, hatte ich mich bis über beide Ohren in sie verliebt. Im siebten war sie in mich verliebt. Im achten Monat heirateten wir. Unsere Tochter Alexandra ist heute vier Jahre alt. Unser Sohn Maximillian Amadeus gerade vier Monate. Wir sind eine unheimlich glückliche Familie.

New York ist wie ein Magnet für mich«, sagt Thomas. »Ich brauche die Power und Energie der Stadt, um zu leben, um zu atmen. Manchmal mache ich Pläne, sechs Wochen irgendwo anders hin zu fahren. Doch nach wenigen Tagen bin ich wieder zurück, weil ich

New York liebe. Man kann diese Stadt nur lieben oder hassen. Keiner sagt, New York ist ok. Denn die Stadt ist nicht ok. Es gibt Obdachlose, Schmutz, Aggressivität und Elend – Dinge, die mich sehr betroffen machen. Und es gibt das Gegenteil – Reichtum, tolle berufliche Chancen, die schönsten Konzerte der Welt, die besten Restaurants, Hotels und Clubs. «

MEIN PERSÖNLICHES NEW YORK:

RESTAURANTS:
Jour et Nuit [337 West Broadway], *Bilbouquet* [25 East 63th], *Reos*, das letzte Mafiarestaurant in Harlem mit Stammplätzen.

CLUBS:
Au Bar [41 East 58th], *Sound Factory* [53 West 27th], *Bar* [12 West 21th], *Supper Club*, Frederick's [240 West 47th]

WOCHENENDE:
Zum Brunch zum *Cap Sudo Freres* in Tribeca, ein paar Bloody Mary oder Screwdrivers gehören zum New Yorker Frühstück. Joggen im Central Park – am Wochenende ist das phantastisch, wie im Zirkus. Unter der Woche jogge ich abends ums Wasserreservoir, oder ich gehe in den Fitnessclub zum Trainer von Madonna. Ein Livekonzert im Central Park – egal ob klassisch oder Pop – ist irrsinnig schön.

GEBÄUDE:
Flatiron Building (Broadway, Fifth Avenue), eines der ersten Stahlskelett-Hochhäuser der Welt, Guggenheim Museum

EINKAUFEN:
Madison Avenue – die schönste Einkaufsstraße der Welt, Ralph Lauren an der 72. Straße.

STADTTEILE:
Brooklyn und Coney Island, East Village bei wilder Stimmung.

FREIZEIT:
Verbringe ich in meinem Haus in Connecticut, das ich von Keith Richards gekauft habe oder auf St. Barth in der Karibik.

LITERATUR:
Fegefeuer der Eitelkeiten von Tom Wolfe, Woody Allen Biographie, Die Magazine *Spy* und *Interview* sind Joblektüre.

Bildnachweis

Alle Bilder von Michael Garff, ausgenommen die Bilder auf S. 15 · 17 79 · 89 · 91 · 125 · 127 · 133 · 188 · 227 · 230 · 243
Diese stammen alle aus Privatarchiven.
Die Aufnahmen auf S. 115 · 119 · 120 · 123 stammen von Klaus Laubmayer.

Bitte beachten Sie
die folgenden Seiten

John
Silber

Ist Amerika zu retten?

Moral und Ethik
einer Weltmacht

Ullstein Buch 35334

Zeitgeschichte

John Silber, der Präsident der Universität Boston und eine der herausragenden Persönlichkeiten des geistigen und politischen Lebens in den Vereinigten Staaten, legt den Finger auf die wunden Punkte der amerikanischen Gesellschaft und entwickelt eine Strategie zur Überwindung der dringendsten Probleme. Für Bill Clinton gilt es nun, die Zukunft zu sichern.

»Man mag ihn lieben oder hassen, auf jeden Fall ist es unmöglich, John Silber zu ignorieren.« *Time*

»Herausfordernd, provokant, höchst gebildet und wahrhaft brillant – John Silber ist in seinem Buch, das eine echte Bereicherung für den Geist des Lesers ist, sich selbst treu geblieben.«
Elie Wiesel

»John Silber liefert eine provokativ formulierte, aber treffende Zustandsbeschreibung.«
Frankfurter Allgemeine Zeitung